PSYCHODYNAMIK **Kompakt**

Herausgegeben von
Franz Resch und Inge Seiffge-Krenke

Mathias Hirsch

Körperdissoziation

Vandenhoeck & Ruprecht

Bibliografische Information der Deutschen Nationalbibliothek:
Die Deutsche Nationalbibliothek verzeichnet diese Publikation in der
Deutschen Nationalbibliografie; detaillierte bibliografische Daten sind
im Internet über http://dnb.de abrufbar.

© 2018, Vandenhoeck & Ruprecht GmbH & Co. KG,
Theaterstraße 13, D-37073 Göttingen
Alle Rechte vorbehalten. Das Werk und seine Teile sind urheberrechtlich
geschützt. Jede Verwertung in anderen als den gesetzlich zugelassenen Fällen
bedarf der vorherigen schriftlichen Einwilligung des Verlages.

Umschlagabbildung: Paul Klee, Angstausbruch III, 1939/akg-images

Satz: SchwabScantechnik, Göttingen
Druck und Bindung: ⊕ Hubert & Co. BuchPartner, Göttingen
Printed in the EU

Vandenhoeck & Ruprecht Verlage | www.vandenhoeck-ruprecht-verlage.com

ISBN 978-3-525-40644-1

Inhalt

Vorwort zur Reihe 7

Vorwort zum Band 9

1 Einleitung 11

2 Der Körper in der frühen Entwicklung: Differenzierung
des Selbst, des Körperselbst und der äußeren Objekte 14
  2.1 »Protopsyche« 18
  2.2 Die »Geburt« des Ich 19
  2.3 Selbst-Objekt-Differenzierung 20
  2.4 Embodiment 21
  2.5 Erste Symbolisierung im Containment 23
  2.6 Mutterambivalenz 24

3 Zur Dynamik und Funktion des dissoziierten Körperselbst 27
  3.1 Der Körper wird zum Opfer destruktiver Gewalt
     gemacht 27
  3.2 Der Körper als selbst erschaffener Mutterersatz 28
    3.2.1 Der Körper als Übergangsobjekt
       bei der Selbstbeschädigung 29
    3.2.2 »Selbstbeschädigung als Selbstfürsorge« 30
  3.3 Die Verwendung des Körpers zur Abgrenzung 32

4 Körperdissoziation in der traumatisierenden Situation 33

5 Zweizeitige Abwehr: Dissoziationszustand als Abwehr des Traumaäquivalents – Körperabspaltung als Abwehr des Dissoziationszustands 36

6 Selbstbeschädigung 39
6.1 »Ein sauberer Schnitt« 40
6.2 »Vater-Trauma« 41
6.3 Artifizielle Krankheit 45

7 Essstörungen 47
7.1 Fettsucht 48
7.2 Anorexie 49
7.2.1 Familiendynamik 50
7.2.2 Mutter-Tochter-Beziehung 51
7.2.3 Natalie 53
7.3 Bulimie 57
7.3.1 Das Symptom als Bild für die Borderline-Beziehung 59
7.3.2 »Bulimie ohne Bulimie« 59

8 Hypochondrie 60
8.1 Auslösesituationen 63
8.2 Arretierung des Autonomie-Abhängigkeits-Konflikts 65
8.3 Warum ist der Körper Ziel der Projektion? – Spezifisches Verhalten der Mütter 66
8.4 »Hypochondrie-by-proxy« 68

9 Dysmorphophobie 70

10 Schlussbemerkung 73

Literatur 75

Vorwort zur Reihe

Zielsetzung von PSYCHODYNAMIK KOMPAKT ist es, alle psychotherapeutisch Interessierten, die in verschiedenen Settings mit unterschiedlichen Klientengruppen arbeiten, zu aktuellen und wichtigen Fragestellungen anzusprechen. Die Reihe soll Diskussionsgrundlagen liefern, den Forschungsstand aufarbeiten, Therapieerfahrungen vermitteln und neue Konzepte vorstellen: theoretisch fundiert, kurz, bündig und praxistauglich.

Die Psychoanalyse hat nicht nur historisch beeindruckende Modellvorstellungen für das Verständnis und die psychotherapeutische Behandlung von Patienten hervorgebracht. In den letzten Jahren sind neue Entwicklungen hinzugekommen, die klassische Konzepte erweitern, ergänzen und für den therapeutischen Alltag fruchtbar machen. Psychodynamisch denken und handeln ist mehr und mehr in verschiedensten Berufsfeldern gefordert, nicht nur in den klassischen psychotherapeutischen Angeboten. Mit einer schlanken Handreichung von 70 bis 80 Seiten je Band kann sich der Leser schnell und kompetent zu den unterschiedlichen Themen auf den Stand bringen.

Themenschwerpunkte sind unter anderem:
- *Kernbegriffe und Konzepte* wie zum Beispiel therapeutische Haltung und therapeutische Beziehung, Widerstand und Abwehr, Interventionsformen, Arbeitsbündnis, Übertragung und Gegenübertragung, Trauma, Mitgefühl und Achtsamkeit, Autonomie und Selbstbestimmung, Bindung.
- *Neuere und integrative Konzepte und Behandlungsansätze* wie zum Beispiel Übertragungsfokussierte Psychotherapie, Schematherapie, Mentalisierungsbasierte Therapie, Traumatherapie, internet-

basierte Therapie, Psychotherapie und Pharmakotherapie, Verhaltenstherapie und psychodynamische Ansätze.
- *Störungsbezogene Behandlungsansätze* wie zum Beispiel Dissoziation und Traumatisierung, Persönlichkeitsstörungen, Essstörungen, Borderline-Störungen bei Männern, autistische Störungen, ADHS bei Frauen.
- *Lösungen für Problemsituationen in Behandlungen* wie zum Beispiel bei Beginn und Ende der Therapie, suizidalen Gefährdungen, Schweigen, Verweigern, Agieren, Therapieabbrüchen; Kunst als therapeutisches Medium, Symbolisierung und Kreativität, Umgang mit Grenzen.
- *Arbeitsfelder jenseits klassischer Settings* wie zum Beispiel Supervision, psychodynamische Beratung, Soziale Arbeit, Arbeit mit Geflüchteten und Migranten, Psychotherapie im Alter, die Arbeit mit Angehörigen, Eltern, Familien, Gruppen, Eltern-Säuglings-Kleinkind-Psychotherapie.
- *Berufsbild, Effektivität, Evaluation* wie zum Beispiel zentrale Wirkprinzipien psychodynamischer Therapie, psychotherapeutische Identität, Psychotherapieforschung.

Alle Themen werden von ausgewiesenen Expertinnen und Experten bearbeitet. Die Bände enthalten Fallbeispiele und konkrete Umsetzungen für psychodynamisches Arbeiten. Ziel ist es, auch jenseits des therapeutischen Schulendenkens psychodynamische Konzepte verstehbar zu machen, deren Wirkprinzipien und Praxisfelder aufzuzeigen und damit für alle Therapeutinnen und Therapeuten eine gemeinsame Verständnisgrundlage zu schaffen, die den Dialog befördern kann.

Franz Resch und Inge Seiffge-Krenke

Vorwort zum Band

Dem eigenen Körper Gewalt anzutun, setzt eine Dissoziation von Selbstanteilen voraus, insbesondere eine Dissoziation des Körperselbst vom Gesamtselbst. Unter diesem Fokus kann man unterschiedliche Störungsbilder von der Selbstbeschädigung über die Essstörungen, die Hypochondrie bis zur Dysmorphophobie betrachten. Auch die Konversion und die Somatisierungsstörungen sind mit einer Abspaltung des Körperselbst verbunden. Als ätiologischer Faktor bietet sich überzeugend die Traumatisierung an, wobei die traumabezogenen Störungen bis heute nicht in einer diagnostischen Einteilung gebündelt sind. Die Idee von der Abspaltung des Körpers findet sich ja bereits bei Autoren des 19. Jahrhunderts.

Dem Phänomen der Körperdissoziation ist dieses Buch gewidmet. In einem einleitenden Kapitel wird die Beziehung des Ich zum eigenen Körper beleuchtet. Schon aus der frühen Kindheit heraus entsteht ein Körperselbst, das eine stufenweise Entwicklung von Symbolqualitäten der Körperrepräsentanzen aufweist. Den Theorien des Protoselbst und der »Geburt des Ich« wird die Differenzierung von Selbst- und Körperrepräsentanzen gegenübergestellt. Auch die aktuelle Konzeption des »Embodiment« wird aufgegriffen. Die frühe Mutter-Kind-Beziehung wird in ihrer Bedeutung für die frühen Symbolisierungsprozesse hervorgehoben, wobei die widersprüchlichen Haltungen mütterlicher Bezugspersonen durchaus Ambivalenzen und Ambitendenzen beim Kind hervorrufen können, die schließlich in Körpersymptomen ihre Abbildung finden.

Auf die Dynamik und Funktionen des dissoziierten Körperselbst wird in einem eigenen Kapitel Bezug genommen. Dem Körper als

Opfer folgt der Körper als Mutterersatz. Selbstbeschädigungen werden in ihrer fürsorglichen Qualität und zur Errichtung von Grenzen veranschaulicht. Beispiele von Patientinnen und Patienten machen die Darstellung lebendig und überzeugend. In der traumatisierenden Situation wird Dissoziation zu einem Faktor des Überlebens, in einer zweizeitigen Abwehr fungiert Dissoziation zur Abwehr des Traumaäquivalents und die Körperabspaltung schließlich zur Abwehr des Dissoziationszustands.

Die Selbstbeschädigungen werden in einem eigenen Kapitel abgehandelt. Die Patientenbeispiele und literarischen Zitate – beispielsweise von der Künstlerin Niki de Saint Phalle – machen deutlich, wie sehr die Aggressionen gegen den eigenen Körper im Alltag gegenwärtig sein können. Auf die artifizielle Störung wird mit einer Fallvignette eingegangen.

Essstörungen sind ebenfalls Formen von Selbstschädigung in ihren Ausprägungen als Fettsucht oder Magersucht. Auf die Beziehungsdynamiken zwischen Müttern und Töchtern sowie andere familiendynamische Aspekte dieser Störungen wird explizit eingegangen. Die Psychodynamik der Bulimie verweist auf die Doppelrolle von Nahrung als »mütterliche Substanz«, die ein ambivalent ersehntes und gefürchtetes Mutterobjekt repräsentiert.

Hypochondrie und Dysmorphophobie werden in ihrer klinischen Ausprägung und ihrer unterschiedlichen Dynamik hervorgehoben und durch Beispiele verdeutlicht. Ein kurzer Blick auf unsere heutigen gesellschaftlichen Rahmenbedingungen und die Tatsache, dass körperbezogene psychische Störungen in den letzten Jahren zugenommen haben, beschließen dieses sehr lesenswerte und informative Buch.

Inge Seiffge-Krenke und Franz Resch

1 Einleitung

Wie lässt sich das erst einmal exotisch anmutende Phänomen erklären, dass der Mensch fähig ist, *sich selbst* zu beschädigen, wie man sagt, eigentlich den eigenen *Körper* zu attackieren und ihn zu verletzen? Und muss man nicht annehmen, dass es Opfer von traumatisierender Gewalt sind, die später Hand an sich (ihren Körper) legen wie in einer – unbewussten – Täter-Opfer-Umkehr, also selbst zum Täter werden und den Körper zum Opfer machen? In einer Art Kurzschlussdenken ist man ja heute geneigt, das Symptom der Selbstbeschädigung auf sexuellen Missbrauch zurückzuführen (Ursache) und die Diagnose automatisch folgen zu lassen: Borderline-Persönlichkeitsstörung (das wäre die Krankheit).

Traumatisierende Gewalteinwirkung, das bedeutet überwältigende Reizüberflutung (schon Freud, 1920g, S. 29), die das Ich zu vernichten droht und daher massive Abwehrreaktionen bzw. Bewältigungsversuche hervorruft. Die Dissoziation von Selbst-Anteilen, von Erinnerung und Affekten und besonders die Dissoziation des *Körperselbst vom Gesamtselbst* ist neben der Internalisierung der Gewalt der Hauptabwehrmechanismus traumatischer Gewalt (vgl. Hirsch, 2004, 2011). Das Opfer der doch meist auch gegen den Körper gerichteten Angriffe (das trifft sowohl für physische Gewalt wie Folter als auch für sexuellen Missbrauch zu) trennt sich vom Körper mental, opfert ihn so, überlässt ihn dem Täter, um das Selbst zu retten (vgl. Hirsch, 2010, S. 36 f.).

Zu den Krankheitsbildern, die auf der Abspaltung des Körperselbst beruhen, gehören auch die Konversion, die alte Hysterie also, und Somatisierungsformen. Das Gemeinsame dieser Störungen ist die

Ätiologie, die Traumatisierung nämlich. Hoffmann, Eckhardt-Henn und Scheidt (2004, S. 127) stellen zur Diskussion, ob nicht heute »das Bündel der über diese Dissoziation integrierbaren *Störungsbilder* (Konversionssymptome, dissoziative Symptome bis zur dissoziativen Identitätsstörung) [...] durch die Einbeziehung einer einheitlichen Genese im Sinne einer Trauma-Ätiologie um eine Reihe weiterer Störungen zu erweitern [ist]. Dabei handelt es sich [...] vor allem um die posttraumatischen Belastungsstörungen, die komplexe posttraumatische Belastungsstörung, die Borderline-Persönlichkeitsstörung und die Somatisierungsstörung.«[1] Die Autoren sehen eine »Hierarchie, die von der Dissoziation als einer Störung der Bewusstseinsfunktionen über die Konversion (Störung von Bewusstseinsfunktion und körperlichen Funktionen) bis zur Somatisierung als einer Störung ausschließlich körperlicher Funktionen reicht« (2004, S. 126).

Die Idee von der Abspaltung des Körpers findet man bereits gegen Ende des 19. Jahrhunderts bei Janet: »Janets Theorie der Dissoziation [...] unterstellt, dass sowohl somatoforme als auch psychische Bestandteile der Erfahrung, Reaktionen und Funktionen in psychische Subsysteme encodiert werden können, die der Integration in die Gesamtpersönlichkeit entgehen« (Nijenhuis, 2004, S. 97). Für die Traumatisierung hat früh Shengold (1979) den Begriff der vertikalen Spaltung verwendet; er spricht von Compartmentierung als Bewältigungsversuch des Traumas. Das abgespaltene Körperselbst würde ich als ein solches Compartment bzw. ein Subsystem verstehen, dem das Trauma zugeschoben wird, *damit* das psychische Selbst davon verschont bleibt und überleben kann.

Das ist der Abwehrvorgang der Dissoziation als Abspaltung; andererseits kann Dissoziation auch einen *Zustand* bezeichnen, und zwar als nicht besonders gelingender Bewältigungsversuch traumatischer Erfahrung bzw. ihrer Entsprechung in späteren, die Dissoziation aus-

---

[1] Die Berücksichtigung der Hysterie, der Psychosomatik und der sexuellen Funktionsstörungen hätte den Rahmen des vorliegenden Überblicks gesprengt, siehe zu diesen Themen Hirsch, 2010.

lösenden Situationen; ich komme darauf ausführlich zurück. In diesen Zuständen geht es um die veränderten Bewusstseinszustände wie Amnesie, Trance bis hin zur Spaltung von Persönlichkeitsteilen, dabei wird der Körper zum Teil mit einbezogen; zum Beispiel sind Depersonalisationserfahrungen meist ein Erleben der Deformation des Körpers oder seiner Teile.

2 Der Körper in der frühen Entwicklung: Differenzierung des Selbst, des Körperselbst und der äußeren Objekte

In unserem Bewusstsein existiert der Körper bereits in einer merkwürdigen Doppelstellung: Einerseits gehört er wie selbstverständlich zu unserer Selbstvorstellung, also zu dem, was wir als unser gesamtes Selbst empfinden. Andererseits tritt er uns gegenüber als ein Objekt der Außenwelt, als gehöre er nicht zum Selbst und habe ein gewisses Eigenleben. Mit seiner bekannten Idee, dass das erste Ich »ein körperliches« sei, hat Freud (1923b, S. 253) das Doppelte des Körpers bezeichnet: Das Kleinkind entdeckt seinen Körper, wenn es ihn wie einen äußeren Gegenstand berührt, merkt aber gleichzeitig, dass er ein Teil des Ich ist: »Der eigene Körper und vor allem die Oberfläche desselben ist ein Ort, von dem gleichzeitig äußere und innere Wahrnehmungen ausgehen können. Er wird wie ein anderes Objekt gesehen.« Meist wird er gar nicht bewusst wahrgenommen, er wird wie ein ständiger stiller Begleiter erlebt, es sei denn, er macht sich auf die eine oder andere Art bemerkbar. Erst wenn er schmerzt oder juckt, erhält er größere Aufmerksamkeit (Szasz, 1957) und wird gerade dann als ein vom Selbst getrenntes Objekt (fast verwundert) wahrgenommen. Natürlich gibt es auch angenehme Körperzustände, die die Aufmerksamkeit auf ihn lenken, wohlige Körper-Entspannung, das berühmte Wohlgefühl in der Badewanne oder unter der Dusche, das sich in lautem Singen Luft macht.

Es ist also nicht nur so, dass Selbst und Körperselbst als Traumafolge auseinanderfallen, vielmehr ist das Verhältnis zum eigenen Körper bereits von zweifacher Qualität: innen und außen. Ständig oszillieren wir zwischen dem Gefühl der Einheit des Körpers und des Selbst einerseits und dem Gefühl der Getrenntheit andererseits.

Die Möglichkeit der Abspaltung oder Dissoziation des Körpers vom Selbst bzw. des Körperselbst vom Gesamtselbst, eine Art Einander-Gegenübertreten, ist nicht nur von der Psychologie bzw. Psychoanalyse, sondern von vielen Dichtern und Schriftstellern längst gesehen worden. Der Schweizer Schriftsteller Carl Spitteler (1906/1945) ließ den Helden in seinem Roman »Imago« ein freundschaftliches Verhältnis zu seinem Körper haben: »Darauf, zu Hause, wie er die Glieder aufs Ruhebett streckte, wurde ihm wieder leichter. ›Zur Gesundheit‹, wünschte ihm sein Körper. ›Danke, Konrad‹, erwiderte er freundlich. Er pflegte nämlich, weil er mit ihm so gut auskam, seinen Körper kameradschaftlich Konrad zu nennen.«

Im Briefwechsel mit C. G. Jung klagt Freud (Freud u. Jung, 1974, S. 274) über seine Körperbeschwerden und nennt, er wird Spitteler gelesen haben, seinen Körper ebenfalls »Konrad«: »Zum Glück habe ich dem armen Konrad durch besondere Schonung in Hamburg und Berlin seine normale Digestion wiedergegeben.« Freud wird auf seinen Körper aufmerksam, wenn der Probleme macht oder Probleme hat.

Es finden sich auch freundschaftliche Bezeichnungen für verschiedene Teile des Körpers: Der Wiener Psychoanalytiker Viktor Tausk (1919), der zu Freuds *Mittwochs-Gesellschaft* gehörte, fand bereits alltägliche Phänomene der Abspaltung, etwa wenn ein Mann seinen Penis einen »lieben Freund« nennt, wenn er mit ihm zufrieden ist. Schon Franz von Assisi sprach vom »Bruder Körper« und nannte Krankheiten »Schwestern« (Le Goff u. Truong, 2003; dt. 2007, S. 124). Man kann vermuten, dass solche Benennungen eine Distanzierung vom eigenen Körper bedeuten und dass man ihm mental ein Eigenleben zuschreibt, wenn man mit ihm und seinen Zuständen entweder nicht einverstanden oder im Gegenteil besonders zufrieden ist.

In der belletristischen Literatur findet man aber auch manche Beschreibungen von Zuständen, die sich der Grenze zur Pathologie nähern oder sie schon überschritten haben.

Thomas Bernhard (1986, S. 486) lässt seinen Helden das eigene Herz als von ihm getrennt erleben: »[E]ine solche Natur wie die meinige hält ein Herz nicht aus, es ist früh krank, geschwächt, weil es von

Kindheit an missbraucht worden ist, ich habe mein Herz von frühester Kindheit an missbraucht«. Ich habe am Beispiel dreier autobiografisch bestimmter Erzählungen Georges-Arthur Goldschmidts (»Die Absonderung«, 1991, »Die Aussetzung«, 1996, und »Die Befreiung«, 2007) den Zusammenhang von Traumatisierung und Körperdissoziation untersucht (Hirsch, 2016a). Goldschmidt, der aus einer jüdisch-assimilierten Hamburger Familie stammte, überlebte die Nazi-Verfolgung dadurch, dass er als Zwölfjähriger in ein französisches Kinderheim geschickt worden war. Dort machte er allerdings entsetzliche, traumatisierende Erfahrungen, sowohl vonseiten der sadistischen Erzieher als auch durch die älteren Mitbewohner. Körperabspaltung soll das Trauma mildern: »Er war wie körperlos geblieben. Er hatte seinen eigenen Körper vergessen« (Goldschmidt, 1996, S. 138). Oder auch: »Er stand da mit diesem Körper, der zu ihm gehörte und der den ganzen Weg lang mitkommen würde, den er den ganzen Weg mitgehend lassen müsste« (S. 168). Auch in seiner Erzählung »Die Befreiung« beschäftigt sich Goldschmidt (2007) mit dem depersonalisierten, dissoziierten Körper; zum Beispiel: »[Er] fühlte dabei den ganzen Körper, den er anhatte, der da so mitkam« (2007, S. 30). Oder: »Dazu war man in einen Beliebigen hineingesteckt worden, der man genauso gut nicht hätte sein können« (S. 33). Ähnlich auch: »Es war, als führe er sich selber an der Hand zum Bock [mit dessen Hilfe die Prügelstrafe vollzogen wurde], als fessele er sich selbst die Hände, er war sein eigener Herr und Besitzer, sein Beschützer und Schützling« (S. 146).

Hier erkennt man eine Funktion der Dissoziation: Der Zögling ist so nicht das Opfer der unvermeidlichen Exekution, sondern ist selbst der Akteur an seinem Körper; der Schmerz ist so dann wenigstens selbst bewirkt, wenigstens das schlimmste Ohnmachtsgefühl so vermieden, ähnlich wie in den bedrohlichen, dissoziativen Zuständen der Jugendlichen, die als Rettungsmaßnahme zur Rasierklinge greift, um ihren Körper anzugreifen, das heißt, etwas tun zu können.

Ist der angesichts einer aktuellen Traumatisierung oder ihrer späteren Wiederbelebung eigentlich zu erwartende Affekt – Angst und Wut – unerträglich oder lebensgefährlich, wird er in Schach gehalten durch die Spaltung in einen leidenden und einen wenigstens betrachtenden, vielleicht sogar handelnden Teil des Selbst – ohne Dissoziation würde man dem Schmerz oder einer großen Angst nicht standhalten können.

Sollte es eine Kontroverse zwischen psychoanalytischen Konzepten der frühkindlichen Entwicklung und denen der Säuglingsforschung geben, kann sie wohl mit der von beiden geteilten Annahme von sich hin zu höherem Symbolgehalt entwickelnden Repräsentationen von Selbst, auch Körperselbst und äußeren Objekten entschärft werden. Wenn man verkürzt sagt, es entwickelt sich ein Körperselbst, ist damit gemeint, dass eine Körpervorstellung auf einer höheren symbolischen Ebene entsteht. Damit geht eine Differenzierung der Quellen zum Beispiel von Körperreizen einher, eine Differenzierung von außen und innen, dem eigenen Körper, unbelebten Gegenständen und belebten Objekten. Es gibt schon länger Vorstellungen dieser stufenweisen Entwicklung der Symbolqualitäten der Körperrepräsentanzen; Deri (1978) nimmt eine erste protosymbolische Stufe an (z. B. das Daumenlutschen), eine zweite Stufe entspricht dem Übergangsobjekt, schließlich folgt das reife sprachlich-gedankliche Symbol. Die zunehmende Symboltätigkeit geht einher mit einer De-Somatisierung der Affekte (Schur, 1955, dt. 1978), das heißt, die anfänglich ungetrennten psychophysischen Empfindungen werden differenziert in einerseits Körperreaktionen und Körperwahrnehmungen und andererseits affektive Reaktionen, die einen psychischen Charakter annehmen.

Vielleicht kann man sagen, dass an die Stelle des primären Narzissmus heute die Vorstellung des »autistisch-berührenden Modus« getreten ist, den Ogden (1989; dt. 1995, S. 35) zwischen bloßem Körperreflex und symbolischem Körperausdruck lokalisiert. Der junge Säugling sei nicht zu einer Selbstreflexion in der Lage, er bilde auch noch kein »Objekt«, also keine Objektvorstellung. Tustin (1986) konstruiert eine »adhäsive Gleichsetzung«: Der eigene Körper wird mit dem Objekt gleichgesetzt als Abwehr existenzieller Ängste der Ich-Auflösung, der Körper des Objekts *ist* der eigene Körper, der so Sicherheit gibt. Diese Vorstellungen entsprechen dem Bild von der »zweiten Haut«, das Esther Bick (1968, 1986) entworfen hatte: Gemeint ist eine konkretisierte Phantasie einer stabilen Körperoberfläche, mit der das Gefühl der Auflösung des Körpers bzw. seiner Grenzen bekämpft wird. Entsprechende Maßnahmen sind sowohl psychosomatische Reaktionen der Haut (Ekzem) als auch »bad habits«, schlechte Gewohnheiten wie Kratzen, Haaredrehen, Haareausreißen (»Trichotillomanie«), Nägelkauen und »Perionychomanie« (Hirsch, 1991), rhythmische Bewegungen wie »Kopfschlagen«, Vor-sich-her-Singen, später dann Attackieren des eigenen Körpers (Selbstbeschädigung) etc. So führen Körperaktivitäten zur Selbstberuhigung (Ogden, 1989; dt. 1995, S. 72 f.), die Angst vor der Selbstauflösung wird in Schach gehalten (S. 70). »Das Schaukeln diente in diesem Fall der Selbsttröstung und autoerotischen Stimulation, als ob das Kind sich selbst bemutterte« (Mahler, Pine u. Bergman, 1975; dt. 1978, S. 71). Solche Körpergewohnheiten dienen der Herstellung eines Ich-Grenzen-Surrogats durch eine artifizielle Körpergrenze.

2.1 »Protopsyche«

Die Vorstellung, dass in der Selbst- und Körperselbst-Entwicklung anfangs ein Zustand psychophysischer Ungetrenntheit herrscht, gibt es schon lange: Bereits Ferenczi (1919) geht von einer solchen »Protopsyche« aus, also einer psychophysischen Einheit, sodass er das hysterische Körpersymptom als regressiven Rückgriff auf eine ursprüngliche Gebärdensprache, eine »Gebärdenmagie« als anfängliche Körpersymbolik, verstehen kann. Anna Freud (1978/1980, S. 2912) meint, »dass in den frühesten Jahren eine Einheit zwischen Körper und Geist besteht«. Bion (1961, zit. nach Gutwinski-Jeggle, 1997, S. 142) spricht von einem »proto-mentale[n] System [...], in dem Somatisches und [...] Mentales undifferenziert sind«. Gaddini geht von einem Körper-Psyche-Funktionskontinuum aus (Böhme-Bloem, 2002). Ein Vertreter der Margaret-Mahler-Schule, Ernest Kafka (1971), spricht von einem »hypothetisch undifferenzierten Zustand«, von einem »ungetrennten Psychosoma«. In der weiteren Entwicklung gehe es nun darum, aus dieser ungetrennten Einheit differente Strukturen zu entwickeln.

2.2 Die »Geburt« des Ich

Einen ersten Begriff von seinem Selbst bekommt der Säugling von sich als Körper, und zwar durch die Entdeckung der Differenz von Tastempfindungen bei der Berührung des eigenen Körpers im Vergleich zu den Berührungen anderer Gegenstände. Am Anfang der Ich-Bildung steht also sowohl eine Grenzerfahrung, die Erfahrung der eigenen Körpergrenze nämlich, als auch die Entdeckung eines ersten äußeren Objekts im eigenen Körper, der sowohl zum Selbst als auch zur Außenwelt gehört. Diese Idee hat Freud (1923b, S. 253) in »Das Ich und das Es« formuliert: »Das Ich ist vor allem ein körperliches.« Das »vor allem« ist zeitlich gemeint, die erste Ich-Vorstellung ist also die vom Körper gewonnene, die Vorstellung vom Körper-Ich.

Schon vor Freud hatte Viktor Tausk (1919, S. 20) von einem »Entwicklungsstadium« gesprochen, »in dem der eigene Körper Gegenstand der Objektfindung war. Das muss die Zeit sein, in der der Säugling seinen eigenen Körper stückweise als Außenwelt entdeckt, da er nach seinen Händen und Füßen wie nach fremden Gegenständen hascht«. Später hat Lichtenberg (1983, S. 116) Freuds Formulierung der ersten Selbstwahrnehmung durch Berührung des einen Körperteils durch den anderen wieder aufgegriffen, ein Vorgang, dem er integrative Funktion zuschreibt: Körperaktivitäten »erweitern den Bereich der Selbstabbildungen, [...] indem sie diejenige Erlebnisweise intensivieren, in der ein Teil des Selbst den Status des ›Objekts‹ gewinnt, während ein anderer Teil des Selbst in einer Situation mäßig großer emotionaler Spannung den Status des ›Handelnden‹ beibehält.« Die Integration dieser beiden Aspekte des Selbst (erregt reagierend und streichelnd, empfindend und handelnd, sozusagen Täter und Opfer) zu einer Einheit trägt zum Erleben des ganzheitlichen

Selbst als »›Ort‹, als ›Container‹ bei, in den sich sowohl das Selbst als Objekt als auch das handelnde Selbst einfügen« (S. 116).

Die eigene Körperaktivität soll also schon normalerweise Funktionen übernehmen, die der mütterliche Teil der Mutter-Kind-Dyade vorher hatte, und ich denke, selbstdestruktives Körperagieren hat genau diesen Hintergrund, ins Pathologische gesteigert und zerstörerische Wut enthaltend. Auch im Selbstbeschädigungsagieren ist das Selbst nämlich gespalten in einen handelnden und einen passiv erduldenden Teil.

2.3 Selbst-Objekt-Differenzierung

Die Differenzierung von Selbst- und Körperselbst-Repräsentanzen in einer wünschenswerten frühkindlichen Entwicklung bedeutet nicht etwa eine bleibende Spaltung, sondern wird meines Erachtens von einer Integration in eine Gesamtvorstellung vom »Selbst« abgelöst, in der Körperselbst und psychisches Selbst getrennt und doch verbunden sind. »Das Ich beruht auf einem Körper-Ich; aber nur, wenn alles gut geht, beginnt sich die Person des Babys mit dem Körper und den Körperfunktionen zu verknüpfen, wobei die Haut die begrenzende Membran ist« (Winnicott, 1962; dt. 1974, S. 76 f.). Ist die Bildung der Körpergrenzen in einer nicht genügend regulierenden mütterlichen Umgebung gestört, so gelingt die Unterscheidung zwischen Selbst, Körper und äußerem Objekt nicht oder nur unvollkommen. Körpersensationen wie Schmerz und »seelischer Schmerz«, affektive Reaktionen wie Angst, Trennungsschmerz, Trauer oder Wut werden nicht genügend differenziert, ebenso nicht der jeweilige Ursprung: innen oder außen, Körper oder Mutterobjekt. Die Folge ist eine bleibende potenzielle Dissoziation von Selbst und Körperselbst, ähnlich einer Sollbruchstelle, auf die regressiv zu Abwehrzwecken zurückgegriffen werden kann und die in Belastungssituationen immer wieder aufbricht. Winnicott (1966, S. 514; Übersetzung M. H.) meint ähnlich: »Die Spaltung der Psyche vom Soma ist ein retrogressives [sic!] Phänomen, in dem archaische Reste beim Aufbau einer Abwehrorganisation verwendet werden. Im Gegensatz dazu ist die Tendenz zu einer psychosomatischen Integration Teil einer Vorwärtsbewegung in der Entwicklung.«

Bereits Schilder (1935) hat erkannt, dass die Körper-Ich-Bildung von einer »genügend guten« (Winnicott) mütterlichen Umgebung abhängig ist. Es ist das intuitive Entgegenkommen der mütterlichen Pflegeperson erforderlich, die den Bedürfnissen und Körperzuständen von außen adäquat begegnet. Joyce McDougall (1989) fordert den genügend guten Dialog mit der Mutter, damit die Körpergrenzen und insbesondere auch die Funktion der Körperöffnungen symbolisiert werden können. Traumatische Störungen in der Zeit der Körpergrenzen-Bildung lassen sich vorstellen als Vernachlässigung durch Unterlassen einer Regulation unerträglicher Spannungszustände von außen bzw. als traumatische Überstimulierung, also ein den kindlichen Bedürfnissen inadäquates übermäßiges Einwirken auf den Körper und seine Funktionen. Wenn die Mutter anfangs den Körper des Kindes »besitzt«, wie es Grieser (2008, S. 126) ausdrückt – das hieße: »Der Körper des Säuglings gehört mir!« –, und zwar im Erleben von Mutter *und* Kind, hat sie die Aufgabe, den Körper des Kindes zunehmend freizugeben. Oder ihn dem Selbst des Kindes zunehmend zu überlassen (Kutter, 2001, S. 153); das Ergebnis ist das, was Kutter Triangulierung von Mutter, Selbst (des Kindes) und Körper nennt. »Die psychosomatische Triangulierung ist dann erreicht, wenn eine abgegrenzte Körperrepräsentanz geschaffen wird, die zur Selbst-Objekt-Repräsentanz in einer ausgewogenen Beziehung steht« (Grieser, 2008, S. 128).

2.4 Embodiment

In ihren erfolgreichen Bemühungen, Bindungstheorie und psychoanalytisches Denken zusammenzubringen, weisen Fonagy und Target (2007, S. 411) auf die aktuellen Befunde hin, dass Verbindungen von Gehirn und Körper das Mentale und das Bewusstsein formen, die zunehmend als »embodied« gesehen werden. Ebenso wird in ihrer Arbeit der Ursprung von internen Arbeitsmodellen bzw. von Repräsentationen überhaupt in frühen sensori-motorischen und emotionalen Erfahrungen mit der Pflegeperson gesehen. Sprache und symbolisches Denken könnten phylogenetisch und ontogenetisch »embodied« sein, also im Körper begründet; sie entwickeln sich auf einer Grundlage von Gesten und Aktionen und sind so grundlegend beeinflusst von der Erfahrung früher körperlicher Interaktion mit dem Primärobjekt. Es geht also um den Übergang von guten Körpererfahrungen mit der Pflegeperson zu anfänglichen mentalen Vorstellungen und Repräsentationen. Diese neueren Vorstellungen treffen allerdings auf eine lange Tradition des Wissens um die Bedeutung einer adäquaten mütterlichen Umgebung.

Den Zusammenhang von Körperselbst-Bildung und Differenzierung von Affekten sowie zunehmender Symbolbildung fasst Ernest Kafka (1971, S. 233; Übersetzung M. H.) wie folgt zusammen: »Es entsteht allmählich ein Bewusstwerden des Körpers, er ist getrennt von einer diffusen psychischen Erfahrung. Es folgt ein Bewusstwerden von differenzierteren Gedanken und Gefühlen, die von einer konkreten körperlichen Erfahrung abgesondert sind. Schließlich erscheinen Gedanken und die Fähigkeit, zwischen verschiedenen Typen psychischer Erfahrung zu unterscheiden, losgelöst von körperlicher Erfahrung.« Diese fast fünfzig Jahre alte Formulierung gilt auch heute noch, denn das Affektspiegelungsmodell Fonagys und seiner Mitarbeiter/-innen »geht davon aus, dass der Säugling anfangs nur diffuse innere Körpersignale bemerkt«, die er zu gruppieren und zu differenzieren lernt »durch die elterlichen Stellungnahmen« (Dornes, 2004, S. 179), also durch die sinngebende, symbolisierende Antwort der mütterlichen Umgebung. Fonagy und Target (2000, S. 965) zufolge »wird das Kind erst allmählich dessen gewahr, dass es Gefühle und Gedanken hat, und es entwickelt langsam die Fähigkeit, diese zu unterscheiden. Vor allem geschieht dies durch die Erfahrung, dass die Eltern auf seine inneren Erfahrungen reagieren. […] Wie sie habituell auf die emotionalen Ausdrucksformen des Kindes reagieren und wie sie sich selbst ausdrücken, lenken [sie] die Aufmerksamkeit des Kindes auf seine inneren Erfahrungen, formen sie, geben ihnen Bedeutung und ermöglichen dem Kind zunehmend, sie auszuhalten und zu gestalten. […] Die Erfahrung von Affekten ist die Knospe, aus der schließlich die Mentalisierung von Affekten sprießt, doch hängt dies davon ab, dass wenigstens eine stabile und sichere Bindung vorhanden ist.«

2.5 Erste Symbolisierung im Containment

Die Vorstellung der Eltern, »welche mentale Erfahrung das Kind macht« (Fonagy u. Target, 2000, S. 965), ist sehr wichtig für die »Grundlage für ein tragfähiges Gefühl seiner [des Kindes] selbst« (S. 965). Dieser Gedanke findet sich schon in Bions (1962, dt. 1990) Konzept des Containment, hier aber erweitert durch die Annahme, dass so eine erste Symbolisierung stattfindet; die Mutter interpretiert also nicht nur den körperlichen Ausdruck des Babys, sondern gibt dem Kind eine brauchbare Version dessen zurück, was es kommuniziert hatte (bereits Winnicott, 1967, dt. 1979).

Das Konzept ist aber auch sehr wichtig für die traumatisierenden Mangelerfahrungen in der frühen Zeit der Entwicklung: »Fehlt diese Spiegelfunktion oder ist sie verzerrt, kann dies in einer psychischen Organisation resultieren, in der innere Erfahrungen nur schlecht repräsentiert sind, so dass unbedingt andere Formen gefunden werden müssen, mit denen psychische Erfahrung aufgefangen werden kann. Dazu zählen z. B. selbstbeschädigendes oder fremdaggressives Verhalten« (Fonagy u. Target, 2000, S. 965 f.). Und an anderer Stelle: »Das Versagen dieser Funktion führt zu einer verzweifelten Suche nach alternativen Wegen zu einem Containment der dadurch ausgelösten Gedanken und intensiven Gefühle« (Fonagy u. Target, 1995, S. 294). Das Kind nimmt »die Psyche des Anderen mit *dessen* verzerrtem, fehlendem oder negativem Bild des Kindes in das eigene Identitätsgefühl hinein. Dieses Bild wird dann zum Keim eines potentiell verfolgenden Objekts, das im Selbst residiert, aber fremd und nicht assimilierbar bleibt. Es entsteht ein verzweifelter Wunsch nach Separation in der Hoffnung, eine autonome Identität oder Existenz zu schaffen« (S. 294, Hervorhebung M. H.). Das verfolgende innere Objekt kann man auch als *traumatisches Introjekt* bezeichnen, das nun nach seiner Abspaltung auf den Körper projiziert wird. »Wenn Objekte nicht angemessen als denkende und fühlende Wesen repräsentiert werden, dann können sie durch Körpererfahrungen gewissermaßen kontrolliert, auf Distanz gehalten oder es kann Nähe zu ihnen hergestellt werden« (S. 296). Die Selbstzerstörung sei eine Lösung aus dem Dilemma: die »Befreiung des Selbst vom Anderen durch die Zerstörung des Anderen innerhalb des Selbst« (S. 296).

Das bedeutet, dass in einer anfänglichen Symboltätigkeit Körperempfindungen wenigstens vorübergehend eine Art mütterlicher Versorgung repräsentieren und dass im pathologischen Fall die Selbstbeschädigung sowohl die Anwesenheit der »Mutter« gewährleisten kann als auch die Befreiung von einer traumatisch inadäquaten inneren »Mutter«. Für mich ist es ein Grundgedanke für das Verständnis von destruktivem Körperagieren, dass der geschädigte, schmerzende, juckende oder blutende, auch sexuell erregte Körper Empfindungen liefert, die die Illusion der Anwesenheit eines Mutterobjekts herstellen sollen.

2.6 Mutterambivalenz

Die vulnerable Phase der Entwicklung, in der man die Wurzel der Borderline-Persönlichkeitsstörung vermutet, ist die sogenannte *Wiederannäherungsphase* (wohl als erste Autoren Masterson u. Rinsley, 1975), in der auch die Entwicklung zu reiferen, sprachlichen Symbolformen geschieht. Hier wird nun das empathische mütterliche Entgegenkommen besonders wichtig, mit dem sowohl die Loslösungsbestrebungen wie auch das regressive Anlehnungsbedürfnis des Kleinkinds jeweils beantwortet werden sollten. Die mütterliche Umgebung der späteren Körper-Patientinnen ist aber nicht in der

Lage, dem Kind zu helfen, ein solches Gleichgewicht zu finden. Meines Erachtens ist es eine bestimmte widersprüchliche Haltung und das entsprechende Verhalten der realen mütterlichen Pflegeperson, die insbesondere zu körperlichen Reaktionen führen können, wie es McDougall (1989) für die psychosomatische Reaktion immer wieder beschrieben hat und wie es nach meinem Eindruck auch bei Patientinnen und Patienten mit Symptomen der Selbstbeschädigung gefunden wird. Körpersymptomatik in diesem umfassenderen Sinn scheint mir eine Ambivalenz und Ambitendenz in Bezug auf ein solches mütterliches Objekt zu enthalten und gleichzeitig abzuwehren, die ich als das »Doppelte« dieser Symptomatik empfinde. Das Körpersymptom bildet sowohl die frühe Dyade ab als auch ihre Abwehr, sowohl die surrogathafte Herstellung des Objekts wie das triumphierende Gefühl von Abgrenzung und Autarkie, mit dem das mütterliche Objekt zurückgewiesen wird. Auch bei den Essstörungen, besonders bei der Bulimie, findet sich das Doppelte von Verschmelzungsagieren (Fressanfall) und absolutem Von-sich-Stoßen, ja Töten des Mutterobjekts.

Das derart »Doppelte« der Körpersymptomatik findet sich in auffallender Weise im von den Patientinnen und Patienten wiedergegebenen Verhalten der Mütter wieder. Fonagy und Target (1995, S. 292) berichten über einen Patienten mit Selbstbeschädigungsagieren, der körperbehindert zur Welt gekommen war: »Seine Deformation und seine Erfahrung mit einer *verführerischen, aber abweisenden* Mutter haben vermutlich eine tiefgreifende Unsicherheit seines Selbstwertgefühls verursacht« (Hervorhebung M. H.). Derartige Bilder sind nicht neu, es gibt schon lange Befunde »psychosomatisch machender Mütter«. Melitta Sperling (1949) konnte bei einer Reihe von Müttern psychosomatisch kranker Kinder (Asthma, Colitis ulcerosa, Allergien etc.) folgendes Verhalten finden: Die Mütter unterbanden die Unabhängigkeitsbestrebungen ihrer Kinder und lehnten sie in dieser Hinsicht ab, wandten sich ihnen aber wieder zu, wenn sie sich unterwarfen oder aber krank wurden. (Das ist genau das zwiespältige Verhalten der Mütter von Borderline-Patienten, das Masterson und Rinsley, 1975, beschrieben haben.) Sperling sah psychosomatische Symptomatik dementsprechend als Ausdruck sowohl der Unterwerfung unter den unbewussten Wunsch der Mutter als auch der gleichzeitigen Rebellion dagegen. Der Psychoanalytiker Sackin (referiert in Taylor, 1987, S. 240; Übersetzung M. H.) schildert die typische »psychosomatische Mutter« derart drastisch, dass nichts mehr hinzufügen ist: »Dominierend, übermäßig involviert und intrusiv, exzessiv fordernd, klammernd und erstickend. Um die symbiotische Bindung zu erhalten, verhalten sich die Mütter offen oder verdeckt zurückweisend, wenn ihr Kind eine Initiative zeigt, die von der eigenen verschieden ist, und sie entmutigen jedes Verhalten oder jeden affektiven Ausdruck des Kindes, der auch nur geringfügig autonome Bestrebungen vermuten lässt.«

Meines Erachtens ist das körperliche Symptom, aber auch selbstdestruktives Symptomverhalten, ein misslingender Ausweg aus der arretierten Ambivalenz dem mütterlichen Objekt gegenüber, weil dadurch sowohl die Illusion verschafft wird, kein Mutterobjekt zu brauchen, es wird eben mit diesem Körper eine aggressiv-trotzige Grenze dem Objekt gegenüber aufgerichtet, als auch mit dem Agieren die Symbiose zwischen Körper und Selbst surrogathaft hergestellt wird.

3 Zur Dynamik und Funktion des dissoziierten Körperselbst

3.1 Der Körper wird zum Opfer destruktiver Gewalt gemacht

Opfer von Traumatisierungen sind völlig machtlos, sind Spielball und Ding-Objekt des Täters, der alles mit ihnen *machen* kann, weil er die Macht dazu hat. Ist der Gedanke nicht naheliegend, dass ein Hauptzweck der Körperdissoziation als Traumafolge der ist, dass das Opfer den eigenen Körper zu einem äußeren Nicht-Selbst macht, um ein Objekt zu haben, über das es nun seinerseits Macht bekommt, das es nach Belieben behandeln und misshandeln kann, in einer grandiosen nachahmenden Identifikation mit dem Aggressor (vgl. Hirsch, 1996), sich so zum mächtigen Täter machend, wenn auch sein – abgespaltener – Körper zum Opfer wird? Und so sagt Georges-Arthur Goldschmidt (2007, S. 187): »Mit dem Körper kann man machen, was man will« Genau das sagen die jugendlichen Mädchen auch trotzig, die ihren Körper beschädigen: »Mein Körper gehört mir, und ich kann mit ihm machen, was ich will!« (Hirsch, 2010), Oder sie sagen: »These are my arms; I do with them as I please, whenever I please!«, wie es eine Patientin Podvolls (1969, S. 220) ausdrückte. Manch ein missbrauchender Vater oder eine misshandelnde Mutter sagen schon einmal: »Das ist mein Kind, und ich kann mit ihm machen, was ich will!«; so auch Goldschmidt (2007, S. 204): »Mit seinem Körper hingegen konnte man machen, was man wollte«.

So ist der Körper auch als Container (Meltzer, 1986; Bovensiepen, 2002; Pollak, 2009), als Not-Container (Gutwinski-Jeggle, 1995) sozusagen, bezeichnet worden. Nach diesem Modell wäre der Körper der

Behälter, der die damals erlittene traumatische Gewalt aufnehmen müsse, der Ort, an dem das traumatische Introjekt sich wieder in den Körper externalisiere. Denkt man aber das Container-Modell in *Beziehungsdimensionen,* bekommt der Körper Objektfunktionen (»Der eigene Körper als Objekt«, Hirsch, 1989a). Er ist wie der Körper des damals misshandelten, missbrauchten Kindes, der vom übrigen Selbst abgespalten, dieses von der Identität des Opfers entlastete (siehe Kapitel 4).

Diesen Aspekt hat Plassmann (1989) im Zusammenhang mit der artifiziellen Erkrankung betont. Der Gedanke liegt ja auch nahe, denn so wie die Patientin ihren Körper artifiziell krank macht, gibt es Mütter, die ihre Kinder künstlich, wissentlich oft lebensbedrohlich krank machen: Das ist das *Münchhausen-by-proxy-Syndrom,* das Stellvertreter-Syndrom, in dessen Dynamik die Mutter regelmäßig lügt (»Münchhausen«), das heißt, das Kind und seine Krankheit derartig braucht, dass sie eine Aufdeckung der wahren Krankheitsursache fürchtet. Auch in Gewaltfamilien wird häufig ein Kind (oder mehrere) ausgewählt, das die in der Familie enthaltene Gewalt empfangen muss, sozusagen als Container der Familiengewalt. Die Dynamik der adoleszenten Selbstbeschädigungspatientin kann man ebenfalls so verstehen: Die Jugendliche macht in einer Täter-Opfer-Umkehr ihren Körper zum Opfer ihrer nun konkretisierten Aggression, jetzt ist sie Täterin, nicht mehr Opfer, sie ist nicht mehr ausgeliefert und hilflos, sie kann etwas bewirken, verschafft sich eine Macht, die sie sonst nicht hat.

3.2 Der Körper als selbst erschaffener Mutterersatz

Wenn das Kleinkind beginnt, sich von der Mutter als getrennt zu erleben, und schmerzlich realisieren muss, dass es eine Allmacht verloren hat, die ihm in der Verschmelzung mit der Mutter illusionär zur Verfügung gestanden hatte, als es noch glaubte, sozusagen mit dem eigenen Willen die mütterliche Umwelt erzeugen und kontrollieren zu können, muss es zur Angstminderung Gegenmaßnahmen finden. Es macht sich daran, sich in der Phantasie ein Ersatzobjekt zu erschaffen, über das es Macht besitzt, das es als Tröster und Begleiter, letztlich als Mutterersatz, verwenden kann. Das ist die geniale Entdeckung Winnicotts (1971, dt. 1973), der die phantasmatische Bedeutung des berühmten Teddybären (es kann auch ein anderes Objekt sein, ein Püppchen etwa oder ein Tuch, »Schlaftuch«, engl. »security blanket«) für das Kleinkind entdeckte. Es ist jedoch nicht das Ding selbst, sondern vielmehr die *Phantasie,* die in ihm materialisiert wird. – Liegt der Gedanke nicht nahe, dass in mehr oder weniger pathologischer Weise auch der eigene Körper zu diesem Zweck übergangsobjektartig verwendet werden kann? (Hirsch, 1989b).

3.2.1 Der Körper als Übergangsobjekt bei der Selbstbeschädigung

Seit 1969 ist bekannt, dass auch der eigene Körper wie ein Übergangsobjekt verwendet werden kann:

John Kafka (1969) stellte damals eine Patientin vor, die ihr Blut mit einer »Sicherheitsdecke« (»security blanket«) verglich, einer weichen »Schlafdecke« etwa, die wie der Teddybär verwendet wird. Die Patientin sagte: »Solange man Blut hat, trägt man in gewissem Sinne diese potentielle ›Sicherheitsdecke‹ mit sich, die einem wie eine schützende Hülle Wärme gibt« (S. 209).

Eine Patientin aus meiner Praxis drückte die Mutterfunktion des eigenen Körpers folgendermaßen aus: Sie tanze leidenschaftlich gern, und zwar allein. Sie könne dann mit ihrem Körper Glücksgefühle erleben, fühle sich wie eine Mutter, die ein Baby auf dem Arm hält. Sie sei in diesem Zustand vom Körper getrennt, der Körper tanze allein: »Ich kann mich ihm überlassen, ich habe mir dann einen Symbiosewunsch mit mir selber erfüllt.«

Dem Moment des Ersatzes für eine Mutter durch das Übergangsobjekt habe ich einen weiteren Gedanken hinzugefügt (Hirsch, 1989b,

S. 18): »Nicht nur den Trost vor Alleinsein, die (Wieder-)Vereinigung mit der guten Mutter soll es [das Übergangsobjekt] gewährleisten, es dient hier auch als Schutz vor der ›bösen‹, verfolgenden Mutter. Wenn dieser Schutz selbst hergestellt wurde, resultiert das Hochgefühl, auf niemanden angewiesen zu sein.« Dieser – masochistische – Triumph über ein Mutterobjekt findet sich neben dem Selbstbeschädigungsagieren insbesondere auch bei der anorektischen Essstörung, wie wir sehen werden; der magere Körper steht für eine selbst erschaffene Anti-Mutter, ein triumphaler Gegenentwurf zur vorgefundenen Mutter, deren Körper auf keinen Fall ein Vorbild für den sich entwickelnden eigenen sein darf. Und bei der Bulimie wird die Nahrung zum absolut beherrschten (Übergangs-)Objekt gemacht.

3.2.2 »Selbstbeschädigung als Selbstfürsorge«

Es kommt schon einmal vor, dass jemand zum Einschlafen in Gedanken den eigenen Körperumriss immer wieder abtastet, wie um zu sehen, dass er vollständig ist, um dann beruhigt einzuschlafen. Schon Karl Philipp Moritz (1785/1972, S. 29) sah diesen Zusammenhang zwischen Selbstbeschädigung, Depersonalisation und Selbstfürsorge: »Selbst der Gedanke an seine eigene Zerstörung war ihm nicht nur angenehm, sondern verursachte ihm sogar eine Art von wollüstiger Empfindung, wenn er oft des abends, ehe er einschlief, sich die Auflösung und das Auseinanderfallen seines Körpers lebhaft dachte.«

Wie der Teddybär das Einschlafen erleichtert, schafft sich Moritz' Held mit dem Gedanken an die Zerstörung des Körpers ein wohliges Gefühl, als ob er damit für sich sorge, indem er eventuelle Einschlafängste beseitigt. Fürsorge ist ja eine ausgesprochen mütterliche Funktion. Der Körper übernimmt also auch insofern Objektfunktion, als er nicht nur Objekt der Aggression ist, wie oben dargestellt, sondern er wird darüber hinaus durch die Selbstbeschädigung (und durch die Abmagerung bei den anorektischen Essstörungen) zu einem idealisierten mütterlichen Begleiter gemacht. Bei vielen Schmerzpatienten kann man beobachten, dass durch den Schmerz der Körper spürbar wird, er existiert, ist präsent und wird dadurch sozusagen zum

Begleiter, und dementsprechend ertappt man besonders in länger dauernden Therapien die Patientinnen und Patienten schon einmal dabei, dass sie ihren Schmerz gar nicht loswerden möchten, dass sie ihn behalten möchten, von ihm nicht *allein gelassen* werden möchten (Hirsch, 1989c).

Und sogar im Fall familiärer Gewalt, seien es nun sexueller Missbrauch oder körperliche Misshandlung, auch (emotionale) Vernachlässigung: Es wäre zu einfach, wenn der Täter oder die Täterin in der Vorstellung des Kindes und des späteren Erwachsenen ausschließlich negativ repräsentiert wären. Das Kind hätte nicht überlebt, wenn Vater und Mutter ausschließlich feindlich und gewalttätig gewesen wären, es gibt immer auch positive Anteile, und durch Idealisierung wird entgegen der offensichtlich traumatisierenden Realität ein Bild von genügend guten Eltern erschaffen. Durch Identifikation mit dem Aggressor entstehen abhängige Beziehungen des Opfers zum Täter (»Stockholm-Syndrom«); paradoxerweise sieht in seiner kindlichen Abhängigkeit das Folteropfer im Folterer den einzig möglichen Retter, da sonst kein Mächtiger zur Verfügung steht. Kein noch so gewalttätig behandeltes Kind kann auf die Eltern verzichten, es würde nicht freiwillig die Familie verlassen können und es auch nicht wollen (vielleicht von extremen Ausnahmen abgesehen; in diesen Fällen könnte man das Kind bereits als suizidal bezeichnen, dem nichts mehr an den Bindungen zu den Eltern und deshalb auch am eigenen Leben liege). Der Sozialarbeiter, der das Kind gut gemeint aus der Missbrauchsfamilie herausholen wollte, bekäme von ihm sozusagen einen Tritt gegen das Schienbein. Und so hält die Patientin an ihrem schmerzenden oder blutenden Körper fest, da sie das Gefühl hat, sonst ganz allein zu sein.

Darüber hinaus ist in dem »Mein Körper gehört mir!« auch ein trotziger Triumph, ein positives Moment der Macht, enthalten; manche Mädchen tragen ihre durch Selbstbeschädigung verursachten Narben stolz wie ein Amulett zur Schau, auf jeden Fall ist die Anorektikerin stolz darauf, sich mit ihrem wenn auch todgeweihten Körper eine Anti-Mutter, eine Nicht-Mutter, geschaffen zu haben, die das diametrale Gegenteil der Mutter mit ihrem verachteten fetten Körper darstellt.

Das Gefühl von Omnipotenz und Unabhängigkeit, auch von Triumph, beschreibt Kernberg (1975, dt. 1978, S. 149): »Bei manchen Patienten mit Selbstbeschädigungstendenzen, die sich von Spannungen jeglicher Art durch selbst zugefügte Schmerzen zu entlasten versuchen (indem sie sich schneiden, sich die Haut verbrennen etc.), beobachtet man manchmal eine wahre Lust und einen enormen Stolz über diese Macht der Selbstdestruktion, eine Art von Allmachtsgefühl und Stolz darüber, dass man nicht auf eine Befriedigung durch andere angewiesen ist.«

3.3 Die Verwendung des Körpers zur Abgrenzung

Eine dritte Funktion, die der malträtierte Körper erfüllen soll, ist die Errichtung von Grenzen. Zum einen kann der schmerzende, beschädigte Körper dazu dienen, sich zu intrusiv erlebte Objekte (z. B. den Partner, die eigenen Kinder, andere Bezugspersonen) *vom Leib* zu halten, beispielsweise hält das Ekzem, das schmerzt und nässt, den Partner auf Abstand. Zum anderen erklärt sich die eindrucksvolle plötzlich beruhigende Wirkung des Selbstbeschädigungsagierens dadurch, dass die nun schmerzende, blutende Körperoberfläche spürbar ist und als künstliche Körper-Ich-Grenze ein Ich-Grenzen-Surrogat bildet, eine artifizielle Körpergrenze, die eine von Desintegration bedrohte Ich-Grenze wie eine Prothese ersetzen soll, wie eine »zweite Haut« (Bick, 1968), ein künstlich geschaffenes Korsett, das die befürchtete Ich-Desintegration nun verhindert. Die dreifache Funktion des dissoziierten Körpers bzw. Körperselbst – der Körper als Selbstanteil, als äußeres Objekt und als Grenzorgan – bemerkt auch Anzieu (1985; dt. 1991, S. 127) im Zusammenhang mit der Theorie der Ich-Grenzen nach Paul Federn. Therapeutische Interventionen haben sämtlich die Aufgabe, die Ich-Grenzen zu stärken, falsche Realitäten zu berichten und »die Realitätsprüfung richtig zu nutzen«. Die Art der Therapie bedeute schließlich, dem Patienten »Klarheit über den dreifachen Status seines Körpers zu verschaffen: Als Teil des Ichs, als Teil der äußeren Welt und als Grenze zwischen dem Ich und der Welt.«

4 Körperdissoziation in der traumatisierenden Situation

Wenn auch die phantasmatische Abspaltung des Körperselbst ein überall anzutreffendes alltägliches Phänomen ist, sind doch die pathologischen Formen der Körperdissoziation Folgen von schweren Traumatisierungen, sie dient der Abwehr von überwältigenden Vernichtungsängsten. Und zwar sowohl in der traumatisierenden Situation selbst, nämlich peritraumatisch als direkte Reaktion, als auch später, wenn in bestimmten, dem Trauma entsprechenden Situationen ähnliche Vernichtungsängste entstehen und ihre Abwehr erforderlich machen. Ganze Bereiche des Mentalen werden vom Selbst abgetrennt und dadurch beherrschbar, dass der Spaltung ihre Verleugnung und Verwerfung folgt, das betrifft Bereiche wie Erinnerung, Affekte, Symbolbildung. Und eben auch das Körperselbst wird vom psychischen bzw. Gesamtselbst abgetrennt, ein Teil sozusagen geopfert, um das ganze Selbst zu retten.

Besonders eindrucksvoll sind Berichte von dissoziativen Körperphänomenen, die während der traumatischen Einwirkung auftreten. Die Opfer »verlassen gewissermaßen ihren Körper« und »betrachten die Verletzung der körperlichen Integrität wie von außen« (Dulz u. Lanzoni, 1996, S. 20).

Die Autorin Giuliana Sgrena, die 2005 im Irak entführt und vier Wochen gefangen gehalten wurde, schreibt: »Zwischen Leben und Tod schweben. Abwechselnd Hoffnung und Verzweiflung, Illusionen und Enttäuschungen. 24 Stunden lang allein mit meinen Gedanken, fürchte ich manchmal, verrückt zu werden. […] Wenn meine Gedanken mit dem Tod spielen, habe ich manchmal das Gefühl, mich tatsächlich vom Leben zu lösen: Ich spüre plötzlich meinen Körper nicht mehr, als wäre er vom Geist getrennt, ich fange an, mich von außen zu beobachten. Doch dieses Gefühl hat nichts Transzendentales, eher ist es wohl eine Verteidigungsstrategie: Vielleicht brauche ich es, um den Tod auszutreiben, oder es ist ein Versuch, aus dem dunklen Zimmer zu fliehen, in dem mein Körper gefangen ist. [...] Wenn ich mich dann mit einem Mal schüttle, spüre ich eisige Kälte an den Füßen, beginne ich, meinen Körper Stück für Stück wieder zu fühlen. [...] Ich bin am Leben« (Sgrena, 2005, zit. nach Süddeutsche Zeitung, 02.02.06).

Ein anderes Beispiel gibt Waris Dirie (1998, dt. 2007, S. 70) mit der Beschreibung der Genitalbeschneidung, die sie im Alter von fünf (!) Jahren erleiden musste: »Der Schmerz in meiner Scheide war so furchtbar, dass ich nur noch sterben wollte. Plötzlich fühlte ich mich emporgehoben, schwebte über dem Boden, ließ meine Pein zurück und sah von oben auf die Szene unter mir. [...] In jenem Augenblick verspürte ich vollkommenen Frieden, hatte weder Sorgen noch Angst.«

In der Literatur über die traumatisierende Wirkung des sexuellen Missbrauchs gibt es eine Reihe von Beschreibungen für das »Abschalten« (engl.: tuning out) der Affekte und der Dissoziation des Körpers während des Übergriffs (vgl. Hirsch, 1987, S. 105). Die Romanautorin Herbjørg Wassmo (1981, S. 138) beschreibt den Schutzmechanismus des Opfers so:

»Die einzige Hilfe [...] bestand darin, dass sie Zeit bekam, wach zu werden, sich zu wappnen, sich dem gegenüber gefühllos zu machen, von dem sie wusste, dass es kommen würde, und sich von ihrem Körper wie von einem benutzten Kleidungsstück im Bett zu trennen.«
Patientinnen aus meiner Praxis berichteten häufig von diesem Abschalten, entweder waren sie »passiv und regungslos« oder machten »sich steif wie ein Brett«. Eine Patientin sagte: »Wenn die Not zu groß wurde, war ich auf eine komische Art ruhig und leer.« Eckardt-Henn (2004, S. 288) berichtet ganz in diesem Sinne: »[D]ann kamen

diese Zustände, und ich konnte wie ein Vögelchen aus mir herausfliegen. Mein Kopf war abgetrennt, und das, was da passierte, passierte nicht mir.«

Es gibt diese Beobachtungen schon lange; Ferenczi (1933/1964, S. 519) spricht von einem traumhaften Zustand, einer »traumatischen Trance«, in der »der Angriff als starre äußere Realität zu existieren« aufhört. Das Ergebnis ist ein »mechanisch-gehorsames Wesen«. Shengold (1979, S. 538) bezeichnet diesen Zustand als »hypnotisches Lebendig-tot-Sein, ein Leben ›als ob‹«. Wie es bereits Ferenczi gesehen hat, liegt der Sinn dieser Notmaßnahmen auf der Hand: Der Angriff würde ohne sie derartig überwältigende, zerstörerische Affekte von Angst, aber auch Zerstörungswut, Vernichtung und Verlassenwerden erzeugen, die das Ich überschwemmen und zerstören würden. Gelingt das »Abschalten« einmal nicht, kommt es zu Reaktionen, wie sie Wassmo (1981, S. 152 f.) schildert:

»Eines Abends knarrte die Tür so plötzlich, dass sie keine Zeit mehr hatte, ihren Körper zu verlassen und die Gedanken frei aus dem Fenster davonlaufen zu lassen. Tora war gezwungen, alles wahrzunehmen, was mit ihr geschah. Da fing sie an zu jammern und zu wimmern und sich zu krümmen. Vermochte nicht stillzuliegen, damit es auch an diesem Abend schnell zu einem Ende kam. Es war ihr völlig unmöglich, sich zu beherrschen.«

5 Zweizeitige Abwehr: Dissoziationszustand als Abwehr des Traumaäquivalents – Körperabspaltung als Abwehr des Dissoziationszustands

Ich möchte eine zweizeitige Abwehr postulieren, deren aufeinanderfolgende Phasen nicht so leicht zu unterscheiden sind, weil für beide der Begriff Dissoziation verwendet wird. Die Dissoziation als Abwehrvorgang haben wir kennengelernt als Rettung oder Rettungsversuch vor der zerstörerischen Wirkung der traumatischen Einwirkung selbst. Traumatisierte Menschen sind in ihrem späteren Leben höchst empfindlich für an sich harmlose Reize, die aber wegen irgendeines Zusammenhangs mit der ursprünglichen Traumatisierung eine überwältigende Bedeutung annehmen. Wieder entsteht wie in der traumatisierenden Situation panische Angst, die wiederum abgewehrt werden muss: durch Dissoziation, mentales Wegtreten, Abschalten, durch »traumatische Trance«. *Dieser dissoziative Zustand kann nun aber seinerseits so bedrohlich und unaushaltbar werden, dass er wiederum abgewehrt werden muss.* Und das kann durch Abspaltung des Körperselbst geschehen (verwirrenderweise sagt man auch hier Dissoziation des Körperselbst).

Stellen wir uns eine adoleszente Patientin vor, die als Kind traumatisiert worden war und in einen Zustand gerät, der für sie mit großer diffuser Angst verbunden ist, in der ihr die Wirklichkeit zu entgleiten droht, die Angst eigentlich eine vor Ich-Auflösung ist, vor Desintegration und entsetzlicher Leere. Dieser Zustand entspricht der ursprünglichen traumatisierenden Situation und wird mit denselben Mitteln bekämpft: der Abspaltung von Selbstanteilen, also der Dissoziation als Abwehrleistung. Ist aber der resultierende Zustand (die tranceartige Dissoziation) wiederum unerträglich, greift die zweite Phase der Abwehr: Durch Abspaltung des Körperselbst entsteht ein Gegenüber, das zur Ich-Entlastung verwendet werden kann. Diese Abspaltung ermöglicht ein Körperagieren, das zu großer Erleichterung führen kann. Die zweiphasige Abwehr kann man also so beschreiben: Der dissoziative Zustand (Abschalten, traumatische Trance) wehrt die übergroße Angst vor der psychotischen Desintegration ab; ist dieser dissoziative Zustand aber unerträglich, wehrt das durch die Abspaltung des Körperselbst ermöglichte Körperagieren diesen ab. Die Jugendliche wird nun ihren Körper mental abtrennen und ihn wie ein äußeres Objekt verwenden; die Selbstbeschädigungshandlung wirkt wie eine intravenöse Injektion eines psychotropen Medikaments (Sachsse, 1994) gegen die unerträglichen Spannungszustände.

Auch andere pathologische Erscheinungen beruhen auf der Abspaltung des Körperselbst bzw. der Repräsentanten von Körperteilen oder Organen. Ich würde hier Hypochondrie und Dysmorphophobie, anorektische Essstörungen, psychosomatische Erkrankungen und auch Somatisierungsstörungen ansiedeln.

Selbstdestruktive Körpergewohnheiten wie Kratzsucht oder Selbstverstümmelungstendenzen vergleicht Ferenczi (1921/1964, S. 216) mit der »Autotomie« mancher niederer Tiere (vgl. auch Hirsch, 2002), die einen Körperteil opfern, um den ganzen Körper zu retten. Natürlich fällt einem als Beispiel für die »niederen Tiere« gleich die Eidechse ein, die den Schwanz opfert, um sich in Sicherheit zu bringen, was ihr leichtfällt, da er wieder nachwächst. Das Prinzip der Opferung eines Teils zur Rettung des Ganzen hat später Kutter (1980) für die Psychosomatik wieder aufgenommen. Kutter spricht von »amputierten Körper-Teil-Repräsentanzen« und schreibt: »Teile der Körperrepräsentanzen werden dem Objekt gleichsam als Opfer angeboten, um das Selbst zu retten« (Kutter, 1981, S. 55). Kutters Patient sagt: »Ich habe gleichsam meinen Eltern meine Leber zum Fraß dargeboten. Damit habe ich mich selbst gerettet« (S. 55). Es gibt in Franz Kafkas Briefen an seine Verlobte Milena eine schöne Stelle (mitgeteilt von Gutwinski-Jeggle, 1997), die genau diese Spaltung beschreibt:

Kafka, an Lungentuberkulose erkrankt, schreibt ihr im April 1920, dass »die Erklärung, die ich mir damals für die Erkrankung in meinem Fall zurechtlegte […], für viele Fälle passt. Es war, dass das Gehirn die ihm auferlegten Sorgen und Schmerzen nicht mehr ertragen konnte. Es sagte, ich gebe es auf; ist aber hier noch jemand, dem an der Erhaltung des Ganzen etwas liegt, dann möge er mir etwas von meiner Last abnehmen, und es wird noch ein Weilchen gehen. Da meldete sich die Lunge, viel zu verlieren hatte sie ja wohl nicht. Diese Verhandlungen zwischen Gehirn und Lunge, die ohne mein Wissen vor sich gingen, mögen schrecklich gewesen sein« (Kafka, 1994, S. 7).

Ähnlich versuchte eine Patientin, die an einem malignen Tumor erkrankt war, alles zu tun, um noch etwas zu bewirken, um ihrem Körper vielleicht doch zur Gesundung zu verhelfen. Sie machte Entspannungsübungen, ernährte sich gesund und hatte von ihrem Heilpraktiker gelernt, die Organe zu »visualisieren«: Sie sprach mit ihrer Leber, in der schon massive Metastasen wuchsen, sie streichelte ihren Bauch in der Lebergegend und sagte etwa: »Komm, wir müssen da durch …« Sie sprach auch mit ihrem Immunsystem, entschuldigte sich, dass sie ihm nicht gutgetan habe durch die viele Arbeit in der Vergangenheit und dass sie nicht genügend darauf geachtet habe, Stress zu vermeiden.

6 Selbstbeschädigung

Am Anfang dieses Abschnitts möchte ich daran erinnern, welche Funktionen der misshandelte Körper nach seiner Dissoziation bekommen und wen er repräsentieren kann:
1. Der Körper ist Objekt der Aggressionen (wie das damals attackierte oder vernachlässigte Kind);
2. der Körper oder ein Körperteil wird durch das aggressive Agieren zu einem begleitenden und dadurch »guten« Mutterobjekt; man denke an das warme, über die Haut fließende Blut bei der Selbstbeschädigung;
3. gerade beim selbstdestruktiven Agieren, besonders gegen die eigene Haut, wird sehr deutlich, dass eine Körper-Ich-Grenze artifiziell geschaffen wird, die die schwache, bedrohte Ich-Grenze ersetzen soll.

Folgender Auszug aus einem Brief der Künstlerin Niki de Saint Phalle (1994; Übersetzung Asma Semler in Brigitte-Dossier Nr. 5, 1995, S. 116) an ihre Tochter macht den Zusammenhang von Traumatisierung in der Kindheit, der Notwendigkeit, adäquate Affekte zu unterdrücken, und resultierendem Selbstbeschädigungsagieren drastisch deutlich:

»Im Sommer der Schlangen hatte mein Vater, der Banker und Aristokrat, sein Geschlecht in meinen Mund gesteckt. Als ich 20 war, gewöhnte ich mir an, auf meiner Oberlippe 'rumzukauen. Es war ein richtiger Tic. Weitere 20 Jahre später hatte ich meinen Mund derart misshandelt, dass mir eine zweite Lippe gewachsen war. Ich trug meine Schande im Gesicht. [...] Danach richtete ich meine Aggressionen gegen andere Teile meines Körpers. [...] Traurige Menschheit! Immerzu wiederholen wir das Verbrechen, das uns angetan wurde!«

Niki de Saint Phalle stellt wie selbstverständlich die Verbindung zwischen sexuellem Missbrauch und selbstdestruktiver Körperverwendung her: Gerade *weil* die Familie von Moral und Anstand bestimmt war, gerade *weil* sie den Vater liebte und auch weil sie eigene Lust empfand, war eine mentale Verarbeitung, eine Versprachlichung der Traumatisierung nicht möglich; die nicht symbolisierte Wut, die Aggression, die der Täter verdient hätte, richtet sich gegen den Ort der Tat, gegen den Mund, ihre Lippen, danach »gegen andere Teile meines Körpers«.

Bei der Bearbeitung der Selbstbeschädigungsdynamik in der Gruppenpsychotherapie klagt eine Patientin: »Ich richte meine Aggression wieder mal gegen mich selbst. Ich hab meinen linken Arm und den Oberschenkel eingeschnitten, sodass die Bettwäsche ganz beschmutzt war ... als wenn zwei Personen in mir wären.« Nach dem Anlass befragt, sagt sie, sie werfe sich vor, »dass ich es nicht geschafft habe, zu verhindern, dass mir wieder ein Mann wehgetan hat«. Sie ist von ihm verlassen worden, gibt sich aber die Schuld: »Nicht geschafft.« Schließlich sagt sie: »Es ist klar, dass ich mich selbst verletze, weil sonst niemand da ist, der mir wehtut.«

6.1 »Ein sauberer Schnitt«

Eine andere Patientin (vgl. Hirsch, 2010, S. 146 ff.) hatte Angst vor der nächsten Gruppensitzung, nachdem sie nach langen Jahren zum Grab ihres Vaters gegangen war und es völlig verwahrlost aufgefunden hatte. Um die Angst zu mildern, sagte sie sich: »Am besten verletze ich mich schon vorher, damit ich gewappnet bin!« (Grenzfunktion!). Am nächsten Tag ging sie mit einer Gartenschere wieder zum Grab, stutzte alles gründlich, hätte am liebsten alles weggeschnitten. – »Vielleicht noch etwas ganz anderes weggeschnitten?«, frage ich. – »Ja, alles weg mit Stumpf und Stiel!« Leider reichte dieses »Schneiden« mit der Heckenschere, die symbolische Kastration des Inzest-Vaters, nicht aus, um zu verhindern, dass Andrea ihren Körper »schneiden« musste. – Einige Zeit später nahm sie sich vor, mit der Mutter, zu der sie den Kontakt abgebrochen hatte, über den Inzest zu sprechen, von dem die Mutter scheinbar gar nichts wusste. Andrea entwickelte nun heftige Schuldgefühle: Sie lasse die Mutter in ein *offenes Messer* laufen, die Mutter sei so arglos und freue sich, während sie doch mit einer Art Kriegserklärung die Beziehung praktisch beenden wolle. Sie fühlte sich schuldig und als Täterin; sie beruhigte sich dann aber mit dem Gedanken: Heute Abend schneide ich mich, davon bringt mich niemand ab! Abends schnitt sie sich, aber nicht wie sonst ein Stückchen, sondern brachte sich einen dreißig Zentimeter langen tiefen Schnitt auf der Unterseite des linken Arms bei. Danach war sie ruhig, hatte kein Schuldgefühl mehr.

Anstatt die Mutter ins »offene Messer« laufen zu lassen, zog sie es vor, sich selbst zu schneiden, darüber hinaus markierte sie aber auch eine klare Trennung von der Mutter durch die Selbstbeschädigung, sie mache »einen sauberen Schnitt« in der Beziehung, wie sie selbst sagte. Man kann sehen, dass das Schneiden mehrfach determiniert ist: Einerseits wird der Körper zum Opfer gemacht und dadurch das Schuldgefühl vermindert, andererseits ist der »Schnitt« auch als Abgrenzung und Selbstbehauptung gedacht.

6.2 »Vater-Trauma«

Uns ist das Phänomen geläufig, dass nach traumatisierenden Gewalterfahrungen in der Kindheit, insbesondere nach sexuellem Missbrauch, im späteren Alter (Adoleszenz) häufig ein selbstdestruktives Körperagieren folgt. Wie kann man sich nun den Zusammenhang vorstellen, da doch das Körperagieren hier bisher als Folge von früher Traumatisierung aufgrund von emotionaler Mangelversorgung, das heißt eines Symbolisierungsdefizits, verstanden und behauptet worden ist? In der Anamnese von Borderline-Patientinnen und -Patienten finden sich sehr häufig schwere familiäre Traumata (Sachsse, 1989; Hirsch, 1987, 2004; Eckert, Dulz u. Makowski, 2000), und man fragt sich, wie dieses erinnerbare (wenn nicht der Amnesie verfallene) Trauma in der späteren Kindheit ähnlich die Symbolisierungs- (und Mentalisierungs-)Fähigkeit beeinträchtigt wie die Entbehrungstraumata der sehr frühen Kindheit, die aus den fehlenden oder fehlgehenden affektregulierenden Antworten der mütterlichen Pflegeperson entstehen. Eine Möglichkeit wäre, dass beide Traumaformen aufeinander folgen, dass in Missbrauchs- und Misshandlungsfamilien bereits wenig Empathie für den Säugling vorhanden war, dass also auf ein frühes »Mutter-Trauma« ein späteres »Vater-Trauma« (z. B. als inzestuöser Missbrauch) folgt, im Sinne einer zweizeitigen Traumatisierung (vgl. Hirsch, 1987; 2004, S. 71).

Fonagy (Fonagy, Gergely, Jurist u. Target, 2002; dt. 2004, S. 360) schreibt: »Die unzulänglich konstruierte Selbststruktur macht diese Kinder insbesondere für spätere Traumatisierungen anfällig.« Man kann auch sagen, die Abgrenzungsfunktion ist geschwächt, der Täter hat leichtes Spiel. Darüber hinaus führt die emotionale Deprivation zu einer »Suche« nach einem neuen mütterlichen Objekt und macht das ältere Kind dadurch anfällig, einem missbrauchenden Erwachsenen innerhalb oder außerhalb der Familie in die Hände zu fallen. Darüber hinaus hat es nicht gelernt, mentale Zustände in einem potenziellen Missbraucher zu erkennen, sodass es ahnungslos allfällige Versprechungen für real nimmt und dessen Absicht nicht vorwegnehmen kann.

Andererseits gibt es derart extrem traumatisierende Einwirkungen, dass die Antizipations-, Vorstellungs- und Symbolisierungsfähigkeit eines jeden durchschnittlich glücklich aufgewachsenen Menschen zerstört wird. Die Vorstellung der traumatischen Situation wäre unerträglich und wird durch Konkretisierung ersetzt: »Das Individuum hofft, die Schrecken der Realität durch Handlungen zu lindern, ungeschehen zu machen […]. Konkretisierendes Handeln erzeugt eine Situation, die scheinbar der Kontrolle des Individuums unterliegt und in ihren wunscherfüllenden Aspekten Wut und Angst zu unterdrücken hilft« (Bergmann, 1995, S. 345 f.). So kann auch der Rückgriff vieler Borderline-Patientinnen auf destruktives Körperagieren verstanden werden; der dissoziierte Körper wird zum misshandelten Kind von damals, und die Handlung gibt der Patientin das Gefühl, auf diese Weise etwas aus eigener Macht bewirken zu können.

Nachdem sich ihr Freund von ihr getrennt hatte, schrieb mir eine Patientin einmal (vgl. Hirsch, 2010, S. 154 ff.): »Bis zum Wochenende hatte ich ständig das Bedürfnis, mich zu verletzen. Ich habe mir viele kleine Kratzer mit einem Plastikrasierer gemacht, den Manfred hier seit Kurzem deponiert hat. Ich hatte die Idee, dass ich ein Teil von Manfred zum Verletzen benutze, weil ich mich von ihm abnabeln will. Ich habe im Moment große Unsicherheit wegen meiner Gefühle. Ich finde mich so schlecht, fühle mich so leer, dass ich Angst habe, alleine zu bleiben. Wenn ich mich verletze, ist das für mich eine Möglichkeit, diese Angst und den Schmerz *darzustellen,* ich mache den Schmerz *sichtbar,* und dadurch ist er nicht mehr so bedrohlich. Zwischendurch hatte ich sogar das Gefühl, etwas Produktives zu tun. Ich hatte dabei ein ziemlich kitschiges Bild vor Augen: Meine Persönlichkeit ist eine Blume, die durch die Therapie hervorgebracht worden ist, aber der Regen, der diese Blume zum Wachsen bringt, ist mein Blut, meine Tränen und mein Schweiß (Angstschweiß). Die Lust, mich zu verletzen, entsteht auch aus dem Wunsch, mich mehr mit mir und meinem Körper zu beschäftigen. Als ich mir den Arm aufgekratzt hatte, dachte ich: ›*Mein Körper gehört mir, und ich kann damit machen, was ich will!*‹ Ich hatte extrem das Gefühl, etwas Eigenes, Selbstbestimmtes zu machen, glaube aber, dass ich etwas Negatives tun musste, weil ich im Moment noch nicht richtig in der Lage bin, etwas positives Eigenes zu machen.«

In dem Bericht der Patientin finden sich einige für das Selbstbeschädigungsagieren charakteristische Züge. Der Auslöser besteht in einer Trennungssituation, wie es oft gerade auch für Verlassenheitsgefühle in therapeutischen Beziehungen beschrieben worden ist (Podvoll, 1969; Pao, 1969; Hirsch, 1985; Sachsse, 1989; Plassmann, 1989). Die Patientin fühlt sich leer, sich selbst kann sie nicht anders als schlecht empfinden, sie ist unfähig, allein zu sein. Solche Zustände, zu denen auch in der Regel eine ungeheure körperlich-psychische Spannung gehört, enthalten eine extreme, psychosenahe Angst vor Desintegration. Die Gegenmaßnahmen meiner Patientin bestehen in einer Vergewisserung ihrer Körpergrenzen durch die Selbstdestruktion, die sie lebendig machen, sich wirklich fühlen lassen soll. Eine artifizielle Körper-Ich-Grenze soll die von Auflösung bedrohte Ich-Grenze ersetzen. Die Patientin benutzt zur Selbstverletzung ein Werkzeug des Freundes und stellt so wieder eine Verbindung zu ihm her (»Brückenobjekt«, Buxbaum, 1960; »intermediäres Objekt«, Kestenberg, 1971). Dadurch entsteht für die Patientin meines Erachtens ein protosymbolischer Kontakt mit dem Mutterobjekt, der sich auch im Symptom selbst findet, wodurch es ja auch gleich Erleichterung bringt.

Besonders im Schmerz ist ähnlich ein Objektcharakter gefunden worden (vgl. Hirsch, 1989c), beispielsweise bezeichnet Anzieu (1985; dt. 1991, S. 135) den Schmerz als »Ersatzrinde«, als Ersatz für das Schutz und Verbindung gewährleistende Haut-Ich. Ein Patient Valensteins (1973; dt. 1993, S. 178) sagt: »Es geht um etwas viel Früheres, […] von dem ich annehme, dass ich es immer gekannt habe. […] Ich weiß überhaupt nicht, wie ich ohne ihn hinkommen soll, diesen ewigen Schmerz. Ohne ihn hätte ich nichts, und wenn ich ihn aufgäbe, wäre ich nicht der, der ich bin, gliche einem, […] der schrecklich allein ist.«

Der Gewinn, der aus der Selbstbeschädigung gezogen wird, ist also nicht nur das Gefühl der Macht, etwas »Eigenes« tun zu können, sondern auch das beruhigende Gefühl, mit etwas Mütterlichem (auch das selbst hergestellt) verbunden zu sein. Der Schmerz beim Selbstbeschädigungsverhalten, der nach einer schmerzfreien Anfangsphase verzögert auftritt, und das Blut, das warm über die Haut rinnt, beenden einen typischen tranceartigen Zustand, in dem das Agieren stattfindet (»Blut tut gut«, Sachsse, 1989), und wie bei meiner Patientin folgt das Gefühl von Befreiung und Erleichterung. Die Erschaffung eines Mutterobjekts aus eigener Kraft (hier im Körper) bedeutet Autonomie, Freiheit vom zu negativ Erlebten. So spricht auch Kernberg (1975, dt. 1978, S. 149) von »einer wahren Lust, einem enormen Stolz über diese Macht der Selbstdestruktion, eine Art von Allmachtsgefühl und Stolz darüber, dass man nicht auf die Befriedigung durch andere angewiesen ist«.

6.3 Artifizielle Krankheit

Eine Patientin, eine Ärztin, die seit der Adoleszenz massive Symptome sowohl der Selbstbeschädigung als auch der artifiziellen Krankheit, also des heimlichen Herstellens von Krankheitssymptomen, entwickelt hatte, griff immer wieder auch während der langjährigen Therapie zu ihrem Symptomverhalten, wenn die Angst zu groß zu werden drohte (vgl. Hirsch, 2010, S. 165 ff.). Einmal rief sie an: Sie könne zur ersten Sitzung nach den Herbstferien nicht kommen, sie habe einen Pneumothorax[2]. Später berichtet sie: Am Wochenende hatte sie es mit sich selbst nicht ausgehalten, sie drohte vor Spannung zu »zerplatzen«. Zuerst hatte sie mit einer kleinen Kanüle in den Zwischenrippenraum gestochen, danach war ihr nicht gut, deshalb ging sie abends in ein Krankenhaus. Dort fühlte sich von dem diensthabenden Arzt nicht ernst genommen, der meinte, sie solle nach Hause gehen und sich ausruhen. Zu Hause nahm sie dann voller Wut auf den Arzt eine Braunüle (eine starke Plastikkanüle zum Verweilen in der Vene) und stach sich wieder zwischen die Rippen! Nun bekam sie es mit der Angst zu tun und ging in ein anderes Krankenhaus; dort wurde die

---

2 Durch Eintreten von Luft in den Spalt zwischen Rippenfell und Lunge kollabieren ein oder mehrere Lungenlappen.

Diagnose: »Spontanpneumothorax« gestellt. Das komme bei jungen Leuten schon einmal vor, sagte der Arzt. Sie empfand einen Triumph: Keiner hatte etwas gemerkt! Sie wollte zwar ernst genommen werden, aber keiner sollte sie durchschauen. Man könnte auch so sagen: Sie will Kontakt, aber keine Nähe, die zu bedrohlich werden könnte. Denn als der Arzt meinte, sie solle über Nacht zur Beobachtung bleiben, vielleicht müsse ein Lungensegment operativ entfernt werden, geriet sie in Panik und ergriff die Flucht, weil da etwas mit ihr gemacht werden sollte, das sie nicht selbst kontrollieren konnte; sie fühlte sich ausgeliefert.

Weder die Zurückweisung durch den Arzt im ersten Krankenhaus noch der Vorschlag des Arztes im zweiten waren ihr recht, sie wollte selbst bestimmen. Das Ganze spielte sich auch in einer Verlassenheitsbedrohung durch die Therapieferien ab, gegen die sie ja auch nichts *machen* konnte. Also ist es auch ein Beziehungsgeschehen: Ich bekomme die Mitteilung, wie weh es tut, allein gelassen zu werden, ohne dass sie das (vor sich und vor mir) zugeben müsste. – An diesem Beispiel sieht man auch, dass bei der Symptomatik der artifiziellen Krankheit noch ein weiteres Moment hineinspielt: Ein *Triangulierungsbedürfnis* wird agiert, der Arzt als Dritter soll ein übermächtiges Mutter-Phantasma relativieren. Er muss aber im Unklaren über den Charakter der »Erkrankung« gehalten werden, da er sonst wiederum zu viel »Mutter-Macht« bekommen würde.

7 Essstörungen

Wenn eine basale Identitätsangst das schlimmste Gefühl, niemand zu *sein,* in ein bewusstseinsnäheres Gefühl verwandelt, nichts *tun* zu können, wäre eine Möglichkeit, sich einen Ort zu suchen, an dem man etwas *tun* kann, wenn man schon am *Sein* nichts ändern kann. Was liegt näher als der Körper, mit dem man »machen kann, was man will«, nachdem er durch Dissoziation zu einem Gegenüber, einem Sammeltopf *(container)* geworden ist, in den alles Falsche, Schlechte und Angstmachende hineinprojiziert werden kann? Wie der Selbstbeschädigungspatient macht die Essgestörte etwas mit ihrem Körper, aber in anderer Weise: Die Anorektikerin ist die Herrscherin über ihn. Solange sie das Körpergewicht unter Kontrolle hat, fühlt sie sich autark und mächtig. Die Bulimikerin tut nichts direkt mit dem Körper, aber auch sie hat ihn und sein Gewicht ständig im Blickfeld, wenn sie sich der Nahrung zuwendet, mit der sie sich allerdings äußerst manipulativ ein Objekt geschaffen hat, das sie absolut beherrschen kann. Die Fettsüchtige dagegen sieht im Vergleich zur Macht und Beherrschung der Magersüchtigen schlecht aus, sie hat anscheinend gar keine Kontrolle über Nahrung und Körpergewicht, alle Diäten sind typischerweise über kurz oder lang wirkungslos. Aber doch tut sie etwas, sie isst (»Der Mensch ist, was er isst«, Böhme-Bloem, 2002), und das ist eben ihr Mittel, Selbstzweifel, Identitätsangst und Depressivität in Schach zu halten bzw. gar nicht erst ins Bewusstsein dringen zu lassen.

7.1 Fettsucht

Es gibt zwei Möglichkeiten: Entweder reicht das Mittel, übermäßig zu essen und übergewichtig zu sein, aus, um Angst und Depression zu unterdrücken, oder es wird zwar angewendet, aber das Ausmaß der bedrohlichen Zustände und Emotionen (Angst, Depression) ist so groß, dass es nicht ausreichend wirkt. Im ersten Fall bleiben Stimmung und Selbstbewusstsein beneidenswert positiv, und eine Veränderung des Körperbildes, also der psychischen Repräsentanz des eigenen Körpers, lässt den Betroffenen gar nicht realisieren, welche Grenzen das Körpergewicht bereits überschritten hat. Solche selbstbewussten Menschen müssen ihren mächtigen Körper nicht verbergen. Den anderen reicht das Mittel nicht, sie leiden trotzdem unter Scham und Selbstzweifeln – aber sie haben nun die Möglichkeit, für all diese beeinträchtigenden Gefühle die Fettsucht selbst verantwortlich zu machen, Ursache und Wirkung vertauschend. Natürlich suchen nicht die Zufriedenen, sondern eher die Unglücklichen einen Therapeuten oder eine Therapeutin auf.

Eine Patientin hatte unter den Brüsten eine dicke Speckfalte, dann kam erst der Bauch. Sie hatte die Phantasie, in der Falte sei ihre Mutter; sie ekelte sich, vor der Mutter, vor sich selbst. Die »Mutter«, also ein Mutterobjekt, befand sich im Körper der Patientin, es war keine gute Mutter, aber inzwischen ist ihre Macht kleiner geworden.

Eine andere Patientin fühlt sich klein und ohnmächtig – und dann muss sie essen. Sie hat darüber keinerlei Kontrolle; wenn sie isst, isst sie. Das Essen bedeutet für sie Schutz vor der Auflösung, also etwas Positives, aber trotzdem fühlt sie sich durch das Essen und nach dem Essen schlecht. Sie hat Schuldgefühle und beschimpft sich, wieder schwach geworden zu sein. Sie hat Angst, dass dieses Gefühl der Ohnmacht grenzenlos wird, wenn sie nichts dagegen unternimmt. Das Essen soll eine Leere ausfüllen, einen unerträglichen Zustand bekämpfen oder verändern. Also eine Art Selbstbemutterung. Aber das kann keine gute Mutter sein, also ist sie selbst schlecht, gerade nach dem Essen, nach der Inkorporation der schlechten Mutter-Nahrung (wäre sie eine Bulimikerin, würde sie erbrechen); sie gibt sich so selbst einen Grund für ihre Schuldgefühle.

Oft findet sich der Gedanke, die übermäßigen Körperformen stellten einen Schutz dar gegen zu große Nähe. Die Blicke der Männer scheinen von übergewichtigen Frauen manchmal sehr bedrohlich erlebt zu werden. Eine sehr korpulente Patientin sagte einmal: »Wie viel muss ich denn noch zunehmen, damit mich keiner mehr anguckt?!«

Man kann sich vorstellen, dass der übergewichtige Körper auch ein gutes Mutterobjekt repräsentiert (wie in manchen Kulturen des Orients), dass »gutes« und übermäßiges Essen auch von entsprechenden Familien positiv konnotiert wird. In diesen Fällen stimmen die Vorstellungen, die man vom eigenen Körper hat, mit der Realität, wie sie jedenfalls von unvoreingenommenen Außenstehenden gesehen würde, oft nicht überein. Und die Nahrung wird ambivalent positiv und negativ gesehen werden, sie füllt die Leere als gute Muttersubstanz, sie verunstaltet aber auch, wirkt wie ein Gift.

7.2 Anorexie

Die Essstörungen vom anorektischen Typ scheinen mir heute *das* Krankheitsbild der Adoleszenz zu sein. Von der Pubertät an hat sich der Körper selbstständig gemacht, eigenmächtig sich angeschickt, sich und auch das Selbst der Jugendlichen zu einem geschlechtlichen Wesen zu machen. Diese unbeeinflussbare Veränderung macht wohl jedem Jugendlichen Angst, es gibt wohl keinen Adoleszenten, der nicht ängstlich-hypochondrisch bzw. dysmorphophobisch auf seinen sich verändernden Körper geblickt hätte. Im Grunde ist die Anorexie eine dysmorphophobe Krankheit, die Befürchtung ist aber nicht die, dass der Körper oder Teile von ihm missgebildet oder unentwickelt sein könnten, sie richtet sich bei der Anorexie einzig auf das Körpergewicht. Es ist, als ob die Jugendliche den Kampf, und zwar einen Machtkampf, mit dem Körper aufgenommen hätte:

In einem Bericht über die sogenannten Pro-Ana-Internetseiten, in denen sich junge Frauen mit Essstörungen gegenseitig zu lebensgefährlichem Abmagern anfeuern, schildert eine Betroffene ihre Einstellung zu ihrem Körper: »Ich will der Herr über meinen Körper sein. Wenn ich mich nach einem Fressanfall übergeben will und mein Körper macht nicht mit, dann sage ich: *Ich* habe die Kontrolle, nicht mein Scheißkörper. *Ich* bestimme, wie ich aussehen will« (Bianca, die zwanzigjährige Betreiberin einer Pro-Ana-Website, www.focus.de/gesundheit/ratgeber.html, gesehen am 2.11.2008).

Was bedroht die Jugendliche eigentlich so existenziell, massive Angst erregend? Es ist, als ob der Körper unübersehbar mitteilt: Aus dem Mädchen wird nun eine erwachsene Frau, die zu wissen hat, wer sie ist, was sie will auf dieser Welt, zu welchen Menschen sie gehört und gehören will, von welchen sie akzeptiert oder geliebt wird und wie sie überhaupt ihre Identität – als Frau, Partnerin, Berufstätige, eines Tages als Mutter, also als soziales Wesen mit einem sicheren Selbstgefühl – gestalten will und kann! Das bedeutet Trennung von der Kindheit, von den Eltern, vom Elternhaus. Der anorektische Körper ist so die materialisierte Weigerung, eine (erwachsene) Frau zu sein (wie zum Beweis versiegt auch noch die Menstruation!).

7.2.1 Familiendynamik

Man muss annehmen, dass die Entwicklung der Anorektikerin bereits früh massiv beeinträchtigt wurde. In der Therapie und in Familiengesprächen von anorektischen Jugendlichen finden sich sehr häufig traumatisierende Verhältnisse. Willenberg (1989, S. 178 f.) fand »Hinweise auf eine frühe Störung der Primärbeziehung, […] offene Ablehnung durch die Mutter […]. Dies stützt unsere Hypothese, dass sich das Kind in der von der Mutter ›verkörperten‹ Welt zutiefst unsicher gefühlt haben musste.« Ist die Beziehung zur Mutter prekär, könnte das Kind sich an ein anderes Familienmitglied wenden, um da die nötige Akzeptanz und emotionale Zuwendung zu erhalten. Das kann der Vater sein, allerdings sind meinem Eindruck nach in den Familien anorektischer Mädchen die Väter zwar häufig weich und gewährend, andererseits aber zurückhaltend und wenig präsent, wenn es darum ginge, der mächtigen, kontrollierenden und ständig bestimmen wollenden Mutter ein Gegengewicht zu bieten (vgl. Abschnitt 7.2.3: »Natalie«). Ist der Vater das Ersatzobjekt, kann er natürlich in der Regel einerseits nicht das ganze Ausmaß an fehlender primärer Mütterlichkeit kompensieren, andererseits muss sich das Kind an seine Bedingungen anpassen (Willenberg, 1989, S. 180).

Ein Faktor, der das Kind bis zur Pubertät unauffällig bleiben lässt, kann eine besondere Beziehung zum Vater sein. In ungefähr zwei Drittel der von Willenberg untersuchten Fälle fand sich eine enge Beziehung zum Vater, die in einem Viertel einen deutlich erotisierten Charakter hatte. So schließen Tochter und Vater eine Art kaum bewusstes Bündnis gegen eine mächtige Mutter (Willenberg, 1989, S. 182). Diese besondere Beziehung von Vater und Tochter ist von dem Moment an bedroht, in dem die Tochter zur Frau werden soll: Sie taugt nicht mehr als Bündnispartner gegen die massive Weiblichkeit der Mutter, im Gegenteil, der Körper der Tochter wird für den Vater immer bedrohlicher, da er seine verborgenen Inzestwünsche bewusst machen könnte, sodass er abrupt den Kontakt zu ihr abschneidet (vgl. Hirsch, 1993). Die Bedrohung für die Adoleszente ist nun doppelt: Der Körper droht sie zur Frau zu machen, was eine vernichtende Fusion mit der »Mutter« bedeutet, und sie läuft Gefahr, den Vater als Bündnispartner gegen eben diese gefürchtete Weiblichkeit zu verlieren. Die anorektische Gegenmaßnahme vermeidet beides: Der Körper bleibt knabenhaft, beide Gefahren sind gebannt.

7.2.2 Mutter-Tochter-Beziehung

Die Mutter-Tochter-Beziehung ist nicht einfach nur von der traumatisierenden Ablehnung des Kindes bestimmt, sondern komplizierter: Einerseits akzeptiert die Mutter das Kind nicht, andererseits benutzt sie es als Objekt ihrer Dominanz- und Kontrollbedürfnisse. Das Kind ist nur so lange »gut«, wie es sich den Maßnahmen der Mutter fügt, es wird »schlecht« in den Augen der Mutter, sobald es einen eigenen

Willen hat oder ihn gar durchsetzen will. Wir finden hier also eine Haltung der Mutter dem Kind gegenüber, mit der ein Doppeltes aus Vernachlässigung oder Behinderung der Bedürfnisse des Kindes und ein Überstülpen der Vorstellungen und Bedürfnisse *der Mutter* verbunden wird. Das Trauma besteht im Prinzip in der Behinderung der ersten Autonomiebestrebungen des Säuglings bereits im zweiten Lebenshalbjahr durch dominierende, überfürsorgliche und kontrollierende Mütter (Sours, 1974; Masterson, 1977; Bruch, 1978, dt. 1980; Sugarman u. Kurash, 1981; Hirsch, 1989d, S. 222 f.), eine Dynamik, die sich in der Wiederannäherungsphase (Borderline-Genese!) wiederholt.

Die Vorstellung liegt nahe, dass die anorektische Jugendliche sich in ihrem Körper einen Bereich schafft, den sie absolut beherrschen und einer solchen Mutter entgegensetzen kann, sei es die noch real agierende Mutter oder die Mutter-Imago, die aufgrund früherer Erfahrungen gebildete Mutterrepräsentanz. Wenigstens im aktuellen Verhalten der Mütter von anorektischen und bulimischen, inzwischen erwachsenen Patientinnen kann man deren Defizit an Einfühlungsvermögen, eben das Doppelte von Intrusion und Ignoranz, beobachten. Häufig erstreckt sich die Sorge der Mütter auf die Nahrung der Töchter, sie drängen ihnen vorgekochtes Essen auf, füllen ihre Kühlschränke, dringen unangemeldet in deren Wohnung ein, entwerten ihre Partner.

Es ist so, dass trotz aller Erfahrung immer noch eine Hoffnung besteht, dass das Angebot der Mutter endlich einmal den Bedürfnissen der inzwischen erwachsenen Tochter entspricht, sozusagen kindgerecht ist.

Die Mutter einer Patientin ruft sie auf der Arbeit an (was sie nicht soll ...) und lädt sie zum Frühstück (!) ein. Die Patientin ist zwar unwillig und ärgerlich, mitten in der Arbeit gestört zu werden, für einen Moment aber hat sie die Hoffnung, die Mutter würde wirklich sie meinen und ihr etwas Gutes tun wollen. Dann kommt aber gleich das Misstrauen: Was will sie denn von mir, und zwar von mir *haben?*

Solche Mütter drängen auch ihren inzwischen erwachsenen Töchtern unbeirrt und unfähig, deren wirkliche Bedürfnisse zu spüren, Nahrungsmittel auf. Die Mütter sind »zufällig in der Gegend«; wenn sie die Töchter nicht antreffen, stellen sie schon mal ein Glas selbst gekochter Marmelade oder in einem Fall eine Backform mit einem Zucchiniauflauf (»Den mochtest du doch als Kind so gern!«) ins Treppenhaus. Die Tochter sah den Zucchiniauflauf, begriff sofort und warf ihn mit kalter Wut in den Müll (ein Fall von »Bulimie ohne Erbrechen«, s. u.). Solche Mütter rufen auch ständig an unter dem Vorwand, sich nach dem Befinden, nach dem Essverhalten und sogar nach dem Körpergewicht zu erkundigen, stets verbunden mit der Frage, wann das »Kind« endlich einmal wieder vorbeikomme.

7.2.3 Natalie

Ich habe über eine anorektische Patientin, Natalie, Anfang zwanzig, berichtet (Hirsch, 2010, S. 206–244), die mit einem extremen Untergewicht in eine kombinierte Einzel- und Gruppenpsychotherapie aufgenommen wurde, die über drei Jahre dauerte. Den Vorschlag, in eine Klinik zu gehen, lehnte sie strikt ab. Der sehr gute Therapieerfolg war vor allem der regen Phantasietätigkeit der Patientin zu verdanken, auch ihrer Fähigkeit, über die therapeutische Beziehung zu reflektieren, und besonders ihrem Zugang zu heftigen Aggressionen, auch in der Übertragung, die immer wieder entstanden, wenn irgendetwas ihr aufgezwungen oder ohne ihre Beteiligung entschieden werden sollte. Darüber hinaus produzierte sie eine Unmenge von relevanten Träumen, mit deren Hilfe sie nach und nach die anfangs völlig idealisierten Bilder von Vater und Mutter immer realistischer sehen und sich dementsprechend mit den realen Eltern auseinandersetzen konnte.

Die Funktion des magersüchtigen Körpers stellte sich zweifach dar: Abgrenzung von den Eltern und Verbindung (durch deren Sorgen um sie) zu ihnen. Als ob das Körpersymptom spricht: »Ich will deine Nahrung nicht!«, das heißt, ich will die Mutter nicht. Gleichzeitig: »Sei eine gute Mutter, mach dir Sorgen!« Aber die Sorge wegen des Symptoms benutzte die Mutter wiederum als Legitimation, hinter der

Tochter »her zu sein«, sich zu kümmern, Kontakt aufzunehmen, nicht zuletzt ihr Nahrung aufzudrängen (»Zucchiniauflauf«).

Einerseits idolisierte Natalie den Körper mit einem Teil von sich, das ist die »Anti-Mutter«; mit einem anderen Teil sah sie aber wohlproportionierte Frauen auf der Straße und dachte: »Oh, tolle Figur«; ihr Körperbild schien gar nicht mit dem realen Körper übereinzustimmen.

»Ich hab das Gefühl, dass ich in der Kindheit das Abbild meiner Mutter sein sollte, ich sollte ihre Hobbys und Interessen teilen. Ich hab das gar nicht gemerkt, denn es waren alles schöne Sachen, ich hab alles mitgemacht, dabei war ich eigentlich dem Vater ähnlich, aber das habe ich erst viel später nach der Pubertät gemerkt.«

Nach und nach ändern sich die Bilder der Eltern. Besonders der Mutter wird zunehmend skeptisch bis aggressiv abwehrend begegnet, während Natalie zunehmend enttäuscht von der Passivität und dem Phlegma des Vaters ist. Es wird deutlich, dass die Mutter die Essstörung der Tochter verwendet, um ihre Machtposition zu stärken: Die Mutter ist in Ordnung, normalgewichtig, die Tochter ist falsch, nämlich untergewichtig. Die Mutter weiß, was für die Tochter gut ist; die Tochter ist schlecht, wenn sie das Mittel verweigert: Nahrung. Deshalb sagt die Mutter nicht: »Kommst du uns morgen besuchen?«, sondern: »Willst du morgen mit uns essen?«

Leider hat der Vater bis heute seine Triangulierungsfunktion nicht ausgefüllt; die Tochter hat seit Langem insgeheim gehofft, dass er die Mutter stoppen würde in ihrem intrusiven Beherrschenwollen. Dem Vater wurde es immer zu viel, wenn die Mutter unaufhörlich geredet hat, und er sagte dann: »Ich geh jetzt mal auf den Balkon, mir eine rauchen.«

Einmal hat die Mutter ihr ein Glas selbst gekochter Marmelade gegeben, die hat sie gleich in den Müll geworfen. Aber als Natalie einmal das Elternhaus hütete, weil die Eltern im Urlaub waren, holte sie sich aus dem Keller ein Glas derselben Marmelade, das sie wie eine Trophäe mit nach Hause nahm und nach und nach auch leeren konnte.

Das zentrale Thema der Therapie ist jetzt ganz offenbar der Kampf um die Abgrenzung gegen und die relative Loslösung von der Mutter einerseits und andererseits der Kampf um Anerkennung durch den

Vater, verbunden mit dem Wunsch, dass der Vater endlich der Mutter Paroli bieten solle, um ihr ein Vorbild zu geben, wie man sich behauptet, ohne dass es gleich schlimme Verletzungen durch die damit verbundene Aggression gibt. Natalie fühlt sich unabhängig, sie macht sich aber gar nicht klar, wie sehr die Eltern noch im Zentrum ihres Lebens stehen (den Beruf ausgenommen) und wie oft sie sie besucht. Der Zweck der vielen Besuche ist ganz offenbar, auszuprobieren, wie weit sie mit ihren Abgrenzungswünschen der Mutter gegenüber kommt, aber ganz deutlich auch, dass sie den Kontakt zum Vater ausbauen möchte. Manchmal sind die Eltern nicht da, und dann genießt sie es, Herrin des Elternhauses zu sein, dort tun und lassen zu können, was sie will, aber es ist eben noch das Elternhaus, das sie bewältigen muss, noch längst nicht ihr eigenes Reich (obwohl sie real jetzt eine eigene Wohnung hat). Der Wunsch nach Triangulierung durch den Vater tritt inzwischen deutlich in Konflikt mit ödipalen Wünschen und ihrer Abwehr: Sie könne doch keinen Keil zwischen die Eltern treiben!

Sie kann nicht essen, wenn die Mutter dabei ist. Sie war mit dem Vater verabredet, der sagte: »Mutter kommt natürlich mit«, da verging ihr der Appetit. Sie beginnt, Junkfood zu essen, Schokolade, Mengen von belegten Brötchen: »Anstatt vernünftig zu essen, ziehe ich mir die ganze Scheiße rein«, sagt sie; danach hat sie ein schlechtes Gewissen. »Fangen Sie bloß nicht mit dem Erbrechen an«, sage ich. Nein, das würde sie nie tun. In einem heftigen Konflikt um die Einhaltung ihres Therapietermins werde ich mehrmals zu einem bösen Objekt, und sie versteht, welchen Sinn die kombinierte Therapie hat: Nun ist die Gruppe das gute Objekt, dort kann sie sich über mich beschweren. Natalie sagt etwas ironisch: »Am Montag hat ja erstmals Ihr Therapiekonzept gegriffen; wenn ein Teil der Therapie negativ ist, ist der andere positiv.« – »Wie Vater und Mutter«, sage ich.

In der therapeutischen Beziehung entstehen immer wieder deutliche entsprechend aggressiv ausgetragene Machtkämpfe: um den Vorschlag, in die Klinik zu gehen, um Ferientermine, schließlich im Zusammenhang mit der Beendigung der Therapie, die mit der fortschreitenden Trennung vom Elternhaus einhergeht. Es ist das dritte

Mal, dass plötzlich wie aus heiterem Himmel zerstörende Kräfte erscheinen, die die Beziehung attackieren, dass Natalie in der therapeutischen Beziehung in einen von beiden existenziell erlebten Machtkampf gerät, ein Kampf um Selbstbehauptung, voller aggressiver Emotionen sowohl in der Übertragung als auch in der Gegenübertragung: Vor den ersten Sommerferien, als ich besorgt (sowohl realistisch als auch aufgrund der Gegenübertragung!) dazu gedrängt hatte, zu überlegen, ob sie in eine Klinik gehe, entstand eine wütende Zurückweisung, eher würde sie die Therapie abbrechen, ich hätte sie verraten, ich wolle sie abschieben, hätte ein Versprechen gebrochen! In dieser Situation wurde eine Übertragung auf eine Mutter aktualisiert, die verbietend, intrusiv und besitzergreifend erlebt worden war. Die nächste Gelegenheit war das Missverständnis über einen Urlaubstermin, auch hier entstand eine große Wut sowohl auf der einen wie auf der anderen Seite. Mein Beharren darauf, gespeist von einem aggressiven Ärger (ich fühlte mich meinerseits verraten), dass es gegen die Vereinbarung sei, dass sie die Beziehung zu mir nicht beachtet habe, ließ sie schon merken, wie ernst ich die Beziehung nahm, und es war wieder ein Kompromiss möglich.

Welche Faktoren kann man nun definieren, die zu der doch sehr positiven Entwicklung der Patientin beigetragen haben?
1. Erst einmal wurde sie in ihrem Sosein angenommen, trotz auch schon anfangs bestehender Gegenübertragungsgefühle, sie nicht annehmen zu können, also weiterverweisen zu müssen, die Verantwortung für sie (wie für ein unerwünschtes Kind) angesichts ihres extrem niedrigen Körpergewichts nicht anzunehmen. Aber diese Gefühle konnten in der Suspension gehalten werden.
2. Der männliche Therapeut war ein triangulierender Begleiter in der Auseinandersetzung mit der Mutter, mit der Entidealisierung eines unrealistischen Bildes von ihr, dann aber auch Entidealisierung des Vaters. Die Therapie war auch eine Begleitung in der Wiederannäherung an beide Eltern nacheinander, verbunden mit geradezu experimentellen Abgrenzungsschritten Natalies.

3. Besonders und unabdingbar war das Auftreten von heftigen, existenziell bedrohlichen (die Beziehung bedrohenden) Aggressionen in Übertragung und Gegenübertragung, die fast, aber eben nur fast die Beziehung sprengten. Die heftigsten Auseinandersetzungen gingen insbesondere um den heftigen, aber zu frühen Wunsch nach Selbstständigkeit und Loslösung.
4. Insbesondere war die Patientin in der Lage, mit regen Phantasien und Träumen sowie einer schnellen Auffassungsgabe die Therapie als gemeinsames Spiel mit Metaphern zu gestalten, nicht ohne Humor, manchmal aber auch mit sarkastischer Aggressivität.
5. Die Gruppe: Natalie äußerte sich in der Gruppe kaum in den ersten anderthalb Jahren, war aber wohl immer präsent und nahm begierig die Äußerungen der anderen, durchweg älteren Teilnehmenden in sich auf. Nur wenn die heftigen Konflikte um Selbstbehauptung und Loslösungswünsche in der Einzeltherapie auftraten, konnte sie sich einen Rückhalt in der Gruppe verschaffen – das Triangulierungskonzept (Hirsch, 2016b) der kombinierten Einzel- und Gruppenpsychotherapie griff also, wie Natalie es einmal selbst bemerkte.

7.3 Bulimie

Während die anorektische Jugendliche ständig mit dem Körpergewicht kämpfen muss, hat die Bulimikerin den Kampf mit der »Mutter« auf einen anderen Schauplatz verlegt: Nun ist es die *Nahrung,* die ein ambivalent ersehntes und gefürchtetes Mutterobjekt darstellt. Die Jugendliche hat ein Mittel gefunden, mit dem sie nicht nur den Körper und sein Gewicht im Griff behalten, sondern auch das phantasierte Mutterobjekt in der Nahrung geradezu omnipotent beherrschen, es aus eigener Macht beliebig sich einverleiben und es ausstoßen kann, erschaffen und vernichten! Die Fressanfälle werden durch Spannungszustände, Alleinsein, Verlassenwerden, Sich-bedrängt-Fühlen, aber auch nach Fortschritten der Identitätsentwicklung wie bestandenen Prüfungen ausgelöst. Auch Fortschritte in der Therapie können mit dem Symptom beantwortet werden, das wäre ein klassisches Beispiel für die negative therapeutische Reaktion.

Typischerweise wird die Nahrung am Anfang des bulimischen Anfalls noch als etwas Gutes erlebt; eine Patientin aus meiner Praxis freute sich auf das Essen, das ihr in der Erwartung wohlschmeckend erschien, sie meinte auch jedes Mal, das Essen unter Kontrolle behalten zu können, also nicht Opfer eines grenzenlosen Fressanfalls zu werden. Es scheint anfangs die Illusion zu bestehen, dass die »mütterliche Substanz«, die Nahrung, wie ein Übergangsobjekt beherrschbar bleibt und deshalb erst einmal einem guten Teilobjekt entspricht. Auch das Essen selbst kann noch als lustvoll erlebt werden, wenn es sich nicht bereits verselbstständigt hat und die entstehende große Gier nicht mehr zu begrenzen ist. Ist die Nahrung aber erst einmal verschlungen, das heißt wahrlich inkorporiert, bekommt sie ein Eigenleben. Es droht die Verschmelzung mit dem Bösen durch die Vorstellung, die Nahrung würde durch die Verdauung nun den Körper unweigerlich von innen infiltrieren und von ihm Besitz ergreifen. Der eigene Körper könnte auf diese Weise – und das ist das, was die Anorektikerin fürchtet wie der Teufel das Weihwasser – mit der Mutter verschmelzen, eins mit ihr werden. Nach dem Verschlingen *enthält* der Körper nur das Böse, er ist es noch nicht (Selvini Palazzoli, 1978; dt. 1982, S. 108), aber wenn die Vorstellung von der Infiltration durch die Verdauung überhandnimmt, muss die Muttersubstanz unbedingt hinaus, bevor der Körper selbst zum Bösen wird. Eine meiner Patientinnen musste den Notarzt rufen (wahrlich als triangulierenden Dritten, der sie von der »Mutter« befreien sollte), als sie einmal nicht erbrechen konnte. Die Muttersubstanz kann wie Gift erlebt werden, das eindringt in das Leben der Jugendlichen, nicht nur in den Körper, auch in die Wohnung (selbst gekochte Marmelade und Zucchiniauflauf!).

Meist werden die bulimischen Patientinnen nach einer Sequenz von »Fressen und Kotzen« von heftigen Schuldgefühlen (auch Scham) geplagt, zum einen, weil sie wieder schwach geworden sind und ein Gefühl für die ohnmächtige Abhängigkeit *vom Symptom* haben können. Zum anderen dürfte auf der unbewussten Ebene ein Schuldgefühl entstehen, das Mutterobjekt durch das Erbrechen getötet zu haben. Eine Patientin fand am Anfang der Therapie allerdings gar nichts dabei, bedrohliche Zustände durch die bulimische Sequenz zu beseitigen, sie empfand weder Schuld noch Scham. Im Laufe der Therapie war es als Fortschritt anzusehen, dass sie ein Schuldgefühl entwickelte und ihre Schwäche ihr peinlich war. Während das Ich-Ideal früher Freude und Stolz über die Beherrschbarkeit von Körper und Nahrung spendete, erzeugte es Scham, auch Ekel nach einiger Zeit der Therapie. Über-Ich und Ich-Ideal wirken wohl zusammen, wenn die Patientin nach dem Fress-Kotz-Anfall depressiv und »total fertig« ist.

7.3.1 Das Symptom als Bild für die Borderline-Beziehung

Der bulimische Zyklus ist für mich ein treffendes Bild für die Beziehungsdynamik der Borderline-Persönlichkeitsstörung (z. B. Don Giovanni): Das Objekt wird idealisiert, ersehnt, aber wenn man es erreicht hat, wird die Nähe zu groß, es muss entwertet, negativ abgebildet werden. Eigene negative Anteile werden nun auf das Objekt projiziert, sodass es unbedingt wieder verlassen werden muss.

7.3.2 »Bulimie ohne Bulimie«

Eigentlich ist der »normale« Zyklus der Bulimie: Essen einkaufen (das kann auf die Dauer sehr viel Geld *verschlingen*), kochen, sich das Essen einverleiben – erbrechen. Manchmal gibt es aber auch ein Verhalten von Bulimikerinnen, mit dem der Zyklus abgekürzt wird, indem die Lebensmittel eingekauft, gekocht, aber dann gleich in den Müll geworfen werden, »ohne Umweg über den Körper«, wie eine Patientin einmal sagte. Übrigens muss es sich gar nicht einmal um Nahrung handeln, es können auch andere Objekte gewählt werden, die der ambivalent benötigten und gefürchteten Mutter-Substanz entsprechen: Schuhe etwa, auch Kleidung, die man nicht braucht und auch kaum anzieht. Was man kaufen will, findet man zuerst sehr schön, doch oft schon an der Kasse bereut man es, man kann die Sachen schon da gar nicht mehr leiden, aber es ist zu spät. Danach kommt das schlechte Gewissen.

8 Hypochondrie

Die ausgeprägte Hypochondrie ist von der Überzeugung bestimmt, an einer schweren, zum baldigen Tod führenden Erkrankung zu leiden. In Krisen und Belastungssituationen, besonders in Schwellensituationen der Identitätsentwicklung, kommt es zur hypochondrischen Projektion der Krise auf den Körper. »Gerade jetzt, wo ich alles erreicht habe!«, wähnt der Hypochonder sich todgeweiht. Aber dieses Erreichthaben bedeutet gerade die Identitätsfestlegung, die Unentrinnbarkeit, die Notwendigkeit der Anerkennung der Beschränktheit des Lebenslaufs und letztlich des Todes – Hypochondrie ist *die* Erkrankung der Lebensmitte. Die eigentliche Angst des Hypochonders ist die vor dem *nicht gelebten Leben,* das bedeutet einen Tod, der projektiv als tödliche Krankheit phantasiert wird. Zwar führt der Hypochonder die vermeintliche körperliche und die eintretende psychische Symptomatik auf diese Krankheit zurück und möchte gesund werden, man hat jedoch den Eindruck, dass er sie mit einem anderen, abgespaltenen Teil des Selbst unbedingt behalten will, da er von keinen medizinischen Untersuchungen, die ihre Existenz widerlegen, vom Konzept der tödlichen Krankheit abzubringen ist.

Die Hypochondrie wird oft begrifflich in die Nähe der Phobie gerückt: Man spricht von Karzinophobie, Aids-Phobie, Herzphobie. Man sollte aber eine phobische Angst vor einer äußeren Gefahr, die man zu meiden sucht und deren Berührung oder gar Eindringen gefürchtet wird, unterscheiden von der Angst, die Krankheit bereits akquiriert, in sich, im Körper, zu haben. Aids-Phobie wäre dann die Angst, sich zu infizieren, und führt oft geradezu wahnhaft zur Vermeidung von Kontakten. Die Aids-Hypochondrie dagegen ist von der

Überzeugung bestimmt, bereits infiziert zu sein, verbunden mit einer agitierten Objektsuche (Arztbesuche) (vgl. Hirsch, 1989e).

Die extreme hypochondrische Angst schränkt das Lebensgefühl und die Realitätsbewältigung empfindlich und zunehmend ein. »Vitalität, Lebensfreude, Selbstausdruck, Selbstverwirklichung, Expansions- und Autonomiestreben sind nachhaltig gestört« (Rupprecht-Schampera, 2001, S. 346). Ganz mit der Selbst- bzw. Körperbeobachtung beschäftigt, richtet der Hypochonder seine Aufmerksamkeit, seine inzwischen gänzlich narzisstische Libido (Freud, 1914c) auf den Körper oder das vermeintlich erkrankte Organ. Paradoxerweise führt jeder kleine reale krankhafte organische Befund zu euphorischer Stimmung, weil die Vorstellung, das Böse sei tatsächlich im Körper enthalten, dadurch bestehen bleibt. Negative Untersuchungsbefunde, zum Beispiel ein negativer Antikörpertest bei der Aids-Hypochondrie, müssen deshalb oft mit fast wahnhafter Beharrlichkeit verleugnet werden, weil evident würde, dass das Böse sich an einer anderen Stelle befinden muss.

Sagt ein Arzt dem Hypochonder: »Wir haben alles untersucht, Sie sind kerngesund!«, reagiert der Patient mit Wut und dem Gefühl, nicht verstanden zu werden. Er ist überzeugt, nicht gründlich untersucht worden zu sein, vielleicht seien die Laborwerte vertauscht worden; er fühlt sich schlecht behandelt und geht zum nächsten Arzt. Er ist ja auch nicht »gesund in seinem Kern« und möchte in seiner Not verstanden werden; versteht man diese Not aber als existenzielle Angst, die in der Körperangst lediglich ihren Ausdruck bzw. ihre – falsche – Lokalisation gefunden hat, ist der Hypochonder auch nicht erleichtert, so als wäre diese grundlegende Angst – vor dem Leben nämlich – noch schwerer zu ertragen.

Auch die Hypochondrie ist eine Erkrankung, die den *durch Dissoziation abgespaltenen Körper* verwendet, um nicht von als nicht aushaltbar befürchteten Ängsten, die die gesamte Identität infrage stellen würden, überschwemmt zu werden. Früh schon hatte Paul Schilder (1935, S. 142) auf die Dissoziation des krank gewähnten Organs bei der Hypochondrie hingewiesen: »Es könnte auch gesagt werden, dass das hypochondrische Organ sich wie ein unabhängiger Körper verhält. Der Hypochonder versucht, das erkrankte Organ zu isolieren, es wie einen fremden Körper im Körperbild zu behandeln.« Meines Erachtens hat Schilder schon zwei bedeutungsvolle Mechanismen erkannt: zum einen die Dissoziation des Körpers bzw. seiner Teile vom Gesamtselbst, zum anderen den Charakter des Fremden dieses dissoziierten Körperteils, das wir heute mit dem Begriff des *traumatischen Introjekts* verbinden (Hirsch, 1995), für das ja oft der Begriff »Fremdkörper« verwendet wird. Man kann sagen, der Hypochonder projiziert das traumatische Introjekt, das man als Niederschlag realer traumatischer Erfahrungen verstehen muss, auf den eigenen Körper. Schon 1964 hat Richter bei herzneurotischen Patienten die Phantasie gefunden, das Herz repräsentiere die feindliche Mutter.

In der Dynamik der Hypochondrie folgen zwei Abwehrschritte aufeinander: Zuerst wird die Körperrepräsentanz vom Gesamtselbst dissoziiert; der Körper kann so wie ein äußeres Objekt verwendet werden. Dann wird die internalisierte traumatische Objekterfahrung (die zum Gefühl führte, falsch, niemand zu sein) auf ihn projiziert, und er kann nun sowohl bedrohlichen Charakter annehmen als auch wie ein Begleiter fungieren (Hirsch, 1989a). Zwar ist der krank gewähnte Körper zum zerstörerischen, todbringenden Objekt geworden, gleichwohl kann man nicht von ihm lassen und klammert sich an ihn.

Eine Patientin entwickelte nach ihrem ersten großen Erfolg als Künstlerin die hypochondrische Phantasie, dass sich durch einen Mückenstich »Killerbakterien« Zugang in ihr Körperinneres verschafft hätten; sie war fest davon überzeugt, sie würde in zehn Tagen sterben. Sie sagte: »Ich habe gedacht, ich hätte so viel für die Ausstellung geackert, dass die Bakterien ein leichtes Spiel mit mir hätten« (Hirsch, 1997, S. 254).

Sehr häufig kann man das traumatische Introjekt als Niederschlag eines nicht genügend betrauerten Verlusts eines Liebesobjekts verstehen; die Todesangst beruht dann auf einer *hypochondrischen Identifikation*. Der Hypochonder entwickelt Symptome, die der Krankheit des verstorbenen (ambivalent geliebten; vgl. Freud, 1917e) Angehörigen entsprechen.

Eine Patientin, eine Allgemeinärztin, war überzeugt, mit Mitte fünfzig eine Demenz zu entwickeln; nach zahlreichen Arztbesuchen fand sie endlich jemanden, der ihr einen dezenten Hirnschwund bescheinigte. Wegen der Krankheit wollte sie ihren 55. Geburtstag nicht feiern; ein Gruppenmitglied fragte sie, was die Zahl 55 für sie bedeute: Da fiel der Patientin jäh ein, dass ihr Vater im selben Alter an einem Schlaganfall gestorben war.

8.1 Auslösesituationen

Auslösesituationen liegt stets ein *Konflikt zwischen Autonomiebestrebungen und Abhängigkeitswünschen* zugrunde, die entsprechende Angst ist eine *doppelte:* sowohl vor der Trennung vom Liebes-(Selbst-)Objekt als auch vor der Bemächtigung durch dieses Objekt. Auch die Trennungsangst ist doppelt determiniert: einmal die Angst vor dem Verlassenwerden, dann aber auch die vor den eigenen Autonomiewünschen. Rupprecht-Schampera (2001, S. 347) drückt es lakonisch aus: Es geht um einen »Objekt- und/oder Selbstverlust«, das heißt, der Objektverlust wäre die Trennung vom Primärobjekt, der Selbstverlust dagegen ein Verlust der selbstbestimmten Identität durch Bemächtigung durch das Objekt. Und so bekommen die folgenden wichtigsten Lebenssituationen, die ich meine, für die Auslösung hypochondrischer Symptome gefunden zu haben, ihre Bedeutung aus eben dem darin enthaltenen Doppelten von einerseits Freiheit, Progression, Autonomieentwicklung und andererseits festgehalten werden, der Freiheit verlustig gehen, bemächtigt werden. Die Angst vor der Freiheit und die Angst vor dem Verschlungenwerden sind aber unbewusst; bewusst möchte der Hypochonder die Gesundung, den Erfolg, den Fortschritt. Und so findet man fast in jedem Erstgespräch den charakteristischen Satz: »Gerade jetzt, wo es mir so gut gehen könnte (die Prüfung geschafft habe, das Haus beziehen kann), habe ich Krebs!«

Der Auslöser für hypochondrische Ängste ist häufig:

1. der Bau oder der Kauf eines (ersten) eigenen Hauses (Hirsch u. Herrmann, 1988; Hirsch, 2006). Das eigene Haus bedeutet Selbstbestimmung, Erwachsensein, wirtschaftlich potent sein. Es bedeutet aber auch, endgültig angekommen zu sein, auf dieses Haus festgelegt zu sein, darin eines Tages zu sterben: Nicht umsonst lautet ein arabisches Sprichwort:»Wenn das Haus fertig ist, kommt der Tod«, wie es Thomas Mann in den Buddenbrooks berichtet.
2. Jede Prüfung ist eine Schwellenüberschreitung von einer Identitätsstufe in eine nächste, erweiterte. Manchmal führt die Prüfung von einem Lebensabschnitt zum anderen, das Abitur von der Kindheit zum Erwachsensein, der Abschluss des Studiums lässt den Ernst eines selbstverantworteten Lebens endgültig beginnen. Die Prüfung bedeutet nun Freiheit von den Abhängigkeiten des vorhergehenden Identitätsstadiums, mehr Selbstbestimmung und Autonomie. Andererseits wird die Freiheit der Identitätsentfaltung immer mehr eingeschränkt, man wird immer mehr festgenagelt auf eine immer enger definierte Identität, was als Einengung und Unfreiheit erlebt werden kann.
3. Heirat und besonders Schwangerschaft sind Zeichen endgültigen Erwachsenseins, bedeuten aber auch Festlegung auf einen Partner und auf ein Kind, dessen Existenz wie nichts anderes die Identität der Eltern bestimmt und für Jahrzehnte festlegt.

Es geht in diesen Situationen nicht nur um den Verlust von mütterlichen Objekten bzw. umgekehrt das Erleben, von solchen festgehalten und überwältigt zu werden, sondern auch um die Anerkennung von fortschreitenden Identitätsphasen, die im Lebenslauf durchschritten werden, die Akzeptanz des Neigens der Lebenskurve, also letztlich um die Anerkennung des Todes. Dementsprechend hat auch das hypochondrische Symptom einen *Doppelcharakter:* Der Körper ist durch seine hochgradige selbstbeobachtende Besetzung stets anwesend, gleichzeitig ist er zum freiheitsberaubenden, den Tod bringenden Objekt geworden.

8.2 Arretierung des Autonomie-Abhängigkeits-Konflikts

Es ist nicht nur die Angst, eine alte Identität zu verlieren und einer neuen nicht gewachsen zu sein (das Dilemma auch des Adoleszenten), es ist die Angst, *niemand* oder *nichts* zu sein, sodass man auch sagen kann, der Hypochonder entscheidet sich für die *Ersatzidentität* des körperlich Kranken. Die Arretierung – nicht (mehr) hin zum Objekt, nicht wegzukönnen vom Objekt – erzeugt Aggression, die ursprünglich den widersprüchlichen Bestrebungen des Primärobjekts dem Kind gegenüber galten. Im hypochondrischen Syndrom ist mörderischer Hass enthalten, den Rupprecht-Schampera (2001) als Reaktion auf die Double-bind-artig verknüpften Bestrebungen der Primärobjekte, das Kind sowohl für eigene Zwecke zu binden als auch es loswerden zu wollen, zurückführt und die für die Herzneurose schon lange beschrieben wurden (das Herz als ambivalent benötigtes und gefürchtetes Mutterobjekt; Richter, 1964). Das Kind darf nicht es selbst sein, ebenso kann der erwachsene Hypochonder nicht er selbst sein.

Eine Patientin, die während des Schreibens ihrer Doktorarbeit eine extreme Aids-Hypochondrie entwickelt hatte, versprach sich einmal: »Ich könnte mich um meine Dissertation kümmern, aber ich habe alle Hände voll zu tun, um meine Phobie *aufrechtzuerhalten!*« Es wurde deutlich, dass sie sich ihr Leben lang angepasst hatte an die Leistungsforderungen ihrer Mutter, durch die Anpassung sich auch versprochen hatte, endlich von der Mutter anerkannt und mehr geliebt zu werden. »Meine Mutter mochte uns Kinder erst, als wir alt genug waren, eigene Gedanken auszusprechen.« Die Patientin scheint der Zwiespältigkeit der Mutter ihrer Mutterfunktion gegenüber – sie konnte für die Kleinkinder nicht sorgen, regulierte dafür überfürsorglich und dominant das körperbezogene Verhalten der Kinder – mit einer weitgehend gelingenden Anpassung begegnet zu sein. Der Preis jedoch war, dass sie sozusagen ihre Adoleszenz umging, Leistungen den Eltern zuliebe erbrachte, aber nicht wirklich zu sich gefunden hatte. Auch im Studium funktionierte sie mit Höchstleistungen, »obwohl das Studium nicht mein eigenes war, die Eltern hatten es mir vorgeschlagen«, bis die Symptomatik jetzt vor dem letzten Identifikationsschritt nach dem Studium ausbrach, »gerade jetzt«, wo sie ein eigenes Leben beginnen könnte.

8.3 Warum ist der Körper Ziel der Projektion? – Spezifisches Verhalten der Mütter

Vielleicht kann man die Wahl des Körpers als Projektionsort und damit die Symptomwahl bei der Hypochondrie mit der Sorge der Mütter um den *Körper des Kindes* damals in Verbindung bringen. In einer früheren Veröffentlichung (Hirsch, 1989e) habe ich versucht, zwei Gruppen mütterlicher Persönlichkeiten bzw. mütterlichen Verhaltens zu unterscheiden. In der ersten Gruppe sind die Mütter selbst chronisch oder hypochondrisch krank, auch depressiv, und behindern mithilfe ihrer Krankheit – Schuldgefühle machend – die Ablösung des Kindes (diese Gruppe I entspricht etwa dem Typ A der Angstneurose »machenden« Mütter, dem Anklammerungstyp, wie ihn König, 1981, formuliert hat). In dieser Gruppe sind also die *Mütter selbst krank* oder sind überzeugt davon, krank zu sein, klammern sich so an das Kind an. Dieses ist gezwungen, sich der Krankheit der Mutter anzupassen und aus Schuldgefühl in einer Rollenumkehr (Parentifizierung) mütterliche Funktionen für die Mutter zu übernehmen. Daraus entsteht aber Aggression, die gegen das eigene Selbst gerichtet wird und mithilfe der Identifikation mit der Kranken zu hypochondrischen Todesängsten führt, die man auch umgekehrt als abgewehrte Todeswünsche gegen das Elternobjekt verstehen kann.

In der zweiten Gruppe (II) sind die Mütter eher überfürsorglich, ständig übermäßig besorgt um die *körperliche Gesundheit des Kindes,* sie besetzen den Körper des Kindes und seine Funktionen, insbesondere verfolgen sie auch seine sexuellen Aktivitäten und Reifungsschritte genau. Dieses Kümmern ist kein Kümmern im wohlverstandenen Interesse des Kindes, eher eine manipulative Kontrolle im *eigenen* Interesse: Das Kind wird in seiner expansiven Autonomielust eingeschränkt und soll im Machtbereich der Mutter bleiben. Kohut (1977, dt. 1979) hat ein Bild einer derart verfolgenden Mutter gezeichnet, die sozusagen mit der Klistierspritze hinter dem Kind her ist, weil sie ganz bestimmte Vorstellungen über die Verdauungstätigkeit des Kindes hat und sie mit einer Art verfolgender Gewalt realisieren will. Regelmäßige Körperkontrollen, Diätregeln, das Kind bis in die frühe Adoleszenz hinein im Bett der Mutter schlafen lassen (Richards, 1981; Rosenfeld, 1964, dt. 1981; Hirsch, 2016c), eifersüchtiges Überwachen erster sexueller Kontakte (Richards, 1981; Hirsch u. Herrmann, 1988) und Behinderungsversuche beruflichen Fortkommens (Hirsch u. Herrmann, 1988) sind beschrieben worden. »Seine Mutter beherrschte ihn [den erwachsenen Patienten] bis zum heutigen Tag mit eigenwilligsten Gesundheits- und Ernährungsvorschriften« (Bondi-Argentieri, 1998, S. 79). Die Mutter kann die mit der Identitätsentwicklung des Kindes und Jugendlichen verbundene Trennung nicht aushalten. Sie bewacht das Wachstum des Körpers des Kindes und die Entwicklung seiner sexuellen Funktionen genauso ängstlich-misstrauisch wie später der Hypochonder die entsprechenden Organe und Körperfunktionen.

Während beim ersten Typ die Idealisierung des Mutterobjekts lange bestehen bleiben kann (die kranke Mutter wird eher geschont), werden die negativen Aspekte der Mütter des zweiten Typs eher bewusst. Richards' (1981, S. 324) Patient erlebte den Analytiker in der Mutterübertragung als gefährlichen, alles fressenden, blutsaugenden Egel, der ihm Zeit, Geld und Unabhängigkeit raube. Häufig ist das hexenhafte, verfolgende Mutterbild mit der Missachtung oder Bedrohung der sexuellen Funktionen verbunden. Rosenfelds (1964, dt. 1981) Patient träumte von einer jungen Frau, deren Brüste plötzlich welk wurden, die ihn verfolgte und seinen Penis berührte. Der Patient erwachte mit einem Samenerguss und fühlte sich völlig erschöpft. In einem Fallbeispiel von Wirth (1990) schilderte der Patient eine Prostituierte wie eine Hexe; in einem anderen Fall (Nissen, 2000,

S. 656) sollte eine schmuddelige, hexenartige Frau die HIV-Infektion des Patienten zu verantworten haben; in einem von mir berichteten Fall (Hirsch, 1989e, 2010) hatte ein geisterhafter »Kurschatten« die HIV-Infektion zu verantworten.

8.4 »Hypochondrie-by-proxy«

Wie manche Menschen ihren Körper selbst schwer krank machen (siehe Abschnitt 3.1: Der Körper wird zum Opfer destruktiver Gewalt gemacht), attackieren manche Eltern, meist Mütter, nicht den eigenen Körper, sondern den ihres Kindes, machen diesen krank; sie unterscheiden wohl gar nicht zwischen sich, ihrem Körper und dem Kind und seinem Körper (Selbst-Objekt-Grenzen-Schwäche), und man nennt das *Münchhausen-by-proxy-Syndrom;* stellvertretend also wird der Körper des Kindes benutzt wie sonst der eigene. – Die Hypochondrie wählt sich den eigenen Körper und macht ihn, in der Phantasie, krank. Denkt aber die Mutter ständig oder immer wieder, *ihr Kind* sei ernstlich krank, während das Kind aber gesund ist oder eine zu vernachlässigende kleine Störung hat, nenne ich das *Hypochondrie-by-proxy-Syndrom*. Die Mutter ist besorgt, sie will ein gesundes Kind und denkt nicht daran, dass sie die »Krankheit« selbst (in der Phantasie) »gemacht« hat. Wie die Hypochondrie wird auch dieses Angstsymptom in wie auch immer beschaffenen Krisensituationen auftreten. Ist es bei der Hypochondrie der eigene Körper, der sterben wird, richtet sich diese Angst hier auf den Körper der eigenen Kinder.

Typische Auslösesituationen sind wieder Individuationsschritte, diesmal die der adoleszenten Kinder, die mit hypochondrischen Ängsten der Eltern beantwortet werden, Trennungsängsten und gleichzeitig Identitätsängsten: Wer werden wir (Eltern) nun ohne Kinder sein, wie wird unser (Zusammen-)Leben aussehen?

Eine Patientin, Frau Dr. Johnson (ausführlich Hirsch, 2010, S. 273 ff.), hatte schon bei der Geburt des ersten Kindes Angst: Es sei so gelb!

Als die Kinder sich nach und nach selbstständig machten, entstanden heftige hypochondrische Phantasien, die schwere, todbringende Erkrankungen enthielten, also eigentlich Todeswünsche waren. Sie hatte für ihre Kinder alles getan, wollte in diesem Punkt auf keinen Fall so sein wie ihre Mutter und hatte es ja auch weitgehend geschafft. Sie wollte immer eine Familie, ist deshalb immer wieder ihrem Mann gefolgt, nicht zuletzt wegen der Kinder. Sie hatte ihre Interessen und auch die Karriere zurückgestellt, und sie hat es gern getan. Und doch gehen die Kinder weg, machen sich jetzt schon selbstständig!

Die Adoleszenz ist die Lebensphase der Lösung des Jugendlichen von den Eltern und seiner Entwicklung hin zu einer eigenen Identität. In einem gewissen Sinn töten die Jugendlichen die Eltern (Loewald, 1979, dt. 1986), denn wenn sie aus dem Haus gehen und erwachsen werden, gibt es keine Eltern mehr, jedenfalls keine von kleinen Kindern, es ist wie ein Mord an den Eltern. Als Frau Johnsons Sohn für ein Jahr als Austauschschüler ins Ausland ging, weinte sie und weinte – ich sage: »Als ob jemand gestorben wäre, die Mutter? Der Sohn?« – Frau Johnson antwortet ausweichend mit einer Verneinung: »Daran habe ich nicht gedacht ...« Ich sage: »Etwas hat doch die Tränen bewirkt«, und denke dabei: »Etwas hat auch die hypochondrischen Phantasien bewirkt, die Wut enthalten, die sich gegen die Kinder richtet.«

Eine gute Mutter zu sein bedeutet in gewisser Weise auch, *selbst eine gute Mutter zu bekommen* (die sie nicht gehabt hatte), denn es gibt jetzt eine gute Mutter, die es vorher (für sie) nicht gegeben hatte. Eine vollständige Familie zu haben und alles für den Zusammenhalt zu tun, bedeutet, eine Familie zu bekommen, die so früher nicht da war. Das nehmen ihr die Kinder nun, und wenn sie in ihr Leben gehen, dann ist auch die im Grunde ungeliebte Berufstätigkeit, mit der die Mutter Geld *für die Kinder* verdient, nicht ihr eigenes Leben. Und weil sie das nicht denken kann, entwickelt sie die hypochondrischen Phantasien, und wenn die Kinder tatsächlich krank wären, dann könnte die Mutter sie pflegen, sie würden bleiben, und die Mutter könnte weiter Mutter sein.

9 Dysmorphophobie

Typischerweise treten hypochondrische Symptome im mittleren Lebensalter auf, während die Dysmorphophobie eine Erkrankung vorwiegend der Adoleszenz ist. Im Grunde kann man die Essstörungen vom Anorexie-Typ (Anorexia nervosa und Bulimie) ebenfalls als begrenzten dysmorphophobischen Wahn verstehen: Der Körper ist zu dick, unförmig, zu schwer und – zu weiblich. In der Adoleszenz zeigt sich die Identitätsanforderung und Identitätsbedrohung zuerst und besonders an der Entwicklung des sexuellen Körpers, und dieser bietet sich an, die diffusen Identitätsängste – *Wer werde ich einmal sein, wie wird mein selbstverantwortetes Leben nach einer Trennung vom Elternhaus und von der Kindheit überhaupt bewältigt werden können?* – zu materialisieren. Die Ängste werden dann wie bei der Hypochondrie als Körperängste erlebt, unter denen man zum Teil furchtbar leidet, die jedoch im Vergleich zu der überwältigenden Bedrohung der eigentlichen unbewussten Identitätsängste das kleinere Übel darstellen. Weil es um die geschlechtliche Identität geht, haben dysmorphophobische Phantasien (Befürchtungen also, Teile des Körpers seien unterentwickelt oder missgebildet) in aller Regel primäre oder sekundäre Geschlechtsmerkmale zum Ziel: Körperformen, Schambehaarung, Stimmbruch, Bartwuchs, Menstruation und Sexualfunktionen werden ängstlich beobachtet und wahnhaft gestört gefunden. Die Brüste sind zu groß oder zu klein, der Penis – immer – zu klein. Diese Ängste finden sich also keineswegs nur bei Mädchen, auch Jungen hadern häufig mit ihrem »Geschlecht«, wenn sie es auch seltener offenbaren können.

Während der Hypochonder, die Hypochonderin bereitwillig und oft zu vielen Ärzten geht und auch mit anderen Menschen ständig über die eigenen Körperängste spricht, verschließt sich der oder die dysmorphophobe Jugendliche der Umwelt, zieht sich narzisstisch von Beziehungen zu äußeren Objekten zurück, und zwar vor Scham (so zu sein), die neben der Angst und Sorge um den Körper der Hauptaffekt der Dysmorphophobie ist. Selbstzerstörerische Aktivitäten richten sich nun manchmal gegen die als missgestaltet phantasierten Organe; eine Patientin aus meiner Praxis band sich über Jahre mit elastischen Binden die Brüste ab, sodass die Rippen Deformierungen davontrugen.

Bei der Dysmorphophobie werden in der Phantasie der Jugendlichen die Mütter verantwortlich für die Missgestaltung des Körpers gemacht: Die Mütter haben die Jugendlichen so auf die Welt gebracht, sie haben sie so *gemacht* (Laufer, 1976, dt. 1980).

Ein 15-jähriges Mädchen berichtet, dass sie kurz nach der Menarche Angst bekam, Unterleibskrebs zu haben. Wenn die Blutungen kamen, wurde sie wütend auf die Mutter, die sie dafür verantwortlich machte, dass sie bluten musste. Schimpfend forderte sie von der Mutter, ihr Tampons zu geben. Sie zog ständig fünf Unterhosen an, weil sie panische Angst hatte, die Menstruation könnte eintreten und das Blut ihr die Beine hinablaufen.

In einem Fall aus meiner Praxis konnten die wahnhaft-unkorrigierbaren Vorstellungen eines Spätadoleszenten, der Penis sei zu klein, auf die pseudoödipale Besetzung des Penis des damals achtjährigen Kindes durch die Mutter zurückgeführt werden (Hirsch, 2010, S. 282; 2016c). Schon damals dachte die Mutter, der Penis des Sohnes sei zu klein, und ging mit ihm deshalb zum Kinderarzt. Dass er seit Jahren keinen Kontakt zu Mädchen hatte, führte er auf den empfundenen anatomischen Fehler zurück; dass es umgekehrt war, er nämlich Angst vor den Kontakten hatte und *deshalb* die Wahnvorstellung nötig wurde, dass »Kontakt zu Mädchen« eine Trennung von der Mutter bedeutete, war dem Patienten nicht nahezubringen.

Dysmorphophobische Ängste sind zwar typisch für die Adoleszenz, treten aber auch in anderen schwellenartigen Lebensaltern und überhaupt in Krisen auf, wenn auch im mittleren Lebensalter meist die Hypochondrie »gewählt« wird. Eher sind es Frauen in mittleren Jahren, die betroffen sind, mit Ängsten vor Trennung von den adoleszenten Kindern, die sich auf den Weg machen, desolaten Ehesituationen, die sie nicht wahrhaben wollen, auch beruflichen Krisen. Frauen neigen (immer noch) eher dazu, sich selbst die Schuld zu geben: Sie selbst sind falsch, ungenügend, unattraktiv, und sie verschieben diese Ängste auf den Körper, dem sie nun die *Schuld* geben. Eine immer häufiger vorgenommene Maßnahme ist der Gang zum plastischen Chirurgen (»Schönheitschirurgie«), und es ist zu hoffen, dass dieser in der Lage (und bereit) ist, den Wunsch nach bloßer kosmetischer Korrektur von gravierenden dysmorphophobischen Ängsten zu unterscheiden.

10 Schlussbemerkung

Der Körper ist ein Teil des Selbst, und doch kann er das Selbst beeinträchtigen, wenn er reagiert, wie er nicht soll, durch Krankheit oder Unpässlichkeit. Und das Selbst kann den Körper sowohl im Alltag als auch im pathologischen Fall zu seinem Objekt machen und ihn behandeln oder malträtieren, um sich selbst zu definieren oder ein (unbewusst befürchtetes) größeres Übel zu verhindern. Beim pathologischen Körperagieren gibt es sowohl Aspekte von Rebellion als auch von Anpassung: Die Anorektikerin rebelliert offen und triumphierend gegen die Forderung, eine weibliche Identität zu übernehmen, findet allerdings nicht zu sich selbst, sondern bleibt in der Gegenidentifikation stecken. Auch die offene Selbstverletzung der Jugendlichen hat einen rebellischen Charakter, sie schockiert und ruft Aversion und Aggression hervor. Bei anderen Formen des Körperagierens unterwirft man sich allem Anschein nach den Normen: Die Bulimikerin hat in der Regel ein *Norm*-Gewicht, von dem aus sie heimlich agiert, allerdings dem Establishment einiges, mit Verlaub, vor die Füße kotzt, sich unbewusst doch aggressiv abgrenzend. Auch die Konsumentin »schönheitschirurgischer« Maßnahmen scheint sich den kollektiven Idealvorstellungen zu unterwerfen, aber ihr Unglück rührt nicht etwa daher, dass ihr Körper ihnen nicht entspricht, es liegt dahinter und viel tiefer, und sie wird sich nicht ändern, indem sie den Körper verändert.

Nicht nur die »Körperkrankheiten« wie Selbstbeschädigung und Essstörungen haben in den letzten Jahrzehnten zugenommen, sondern auch die gesellschaftliche, kollektive Besetzung des Körpers und seine Funktionalisierung. Es scheint, dass in unserer entritualisierten

Gesellschaft Körperideale an die Stelle der Rituale treten zum Zweck der Definition von Identität; »Fitness« und Schönheit des Körpers werden als hoher Wert angesehen. Einer solchen gesellschaftlichen Strömung schließen sich die pathologischen Formen des Körperagierens an, sind sozusagen darin eingebettet. Im pathologischen Körperagieren gibt es keine Entwicklung, genau wie bei der Sucht; es muss ständig wiederholt werden, da Ambivalenz und Abhängigkeit nicht überwunden werden, die Identitätsentwicklung arretiert ist. Der mit dem Körperagieren verbundene Schmerz symbolisiert nicht etwa (wie beim Ritual der Naturvölker) den Trennungsschmerz, sondern die unlösbare Spannung zwischen Autonomiebestrebung und Abhängigkeitswunsch. Die Mutilation ist hier nicht ein Abtrennen, sondern ein verzweifelter, untauglicher Versuch, sich selbst zu definieren.

Literatur

Anzieu, D. (1985, dt. 1991). Das Haut-Ich. Frankfurt a. M.: Suhrkamp.
Bergmann, M. V. (1995). Überlegungen zur Über-Ich-Pathologie Überlebender und ihrer Kinder. In M. S. Bergmann, M. E. Jucovy, J. S. Kestenberg (Hrsg.), Kinder der Opfer, Kinder der Täter. Psychoanalyse und Holocaust. Frankfurt a. M.: Fischer.
Bernhard, T. (1986). Auslöschung. Ein Zerfall. Werke Bd. 9. Frankfurt a. M.: Suhrkamp.
Bick, E. (1968). The experience of the skin in early object relations. The International Journal of Psychoanalysis, 49, 484–486.
Bick, E. (1986). Further considerations on the function of the skin in early object relations. British Journal of Psychotherapy, 2, 292–299.
Bion, W. R. (1961, dt. 1990). Erfahrungen in Gruppen. Frankfurt a. M.: Fischer.
Bion, W. R. (1962, dt. 1990). Lernen durch Erfahrung. Frankfurt a. M.: Suhrkamp.
Böhme-Bloem, C. (2002). »Der Mensch ist, was er isst«. Ess-Störung als Ausdruck gestörter Identität und mangelnder Symbolbildung. In M. Hirsch (Hrsg.), Der eigene Körper als Symbol? Der Körper in der Psychoanalyse von heute (S. 93–114). Gießen: Psychosozial-Verlag.
Bondi-Argentieri, S. (1998). Die Hypochondrie als Bedeutungsstörung. Technische Bemerkungen. Psicoanalisi, 2, 48–65. Referiert in Psyche – Zeitschrift für Psychoanalyse und ihre Anwendungen, 56, 76–83, 2002.
Bovensiepen, G. (2002). Suizid und Angriffe auf den Körper als Container-Objekt schwer gestörter Jugendlicher in der ambulanten Behandlung. In P. Subkowski (Hrsg.), Aggression und Autoaggression bei Kindern und Jugendlichen (S. 54–70). Göttingen: Vandenhoeck & Ruprecht.
Bruch, H. (1978, dt. 1980). Der goldene Käfig. Das Rätsel der Magersucht. Frankfurt a. M.: Fischer.
Buxbaum, E. (1960). Hair pulling and fetishism. The Psychoanalytic Study of the Child, 15, 243–260.

Deri, S. (1978). Transitional phenomena. Vicissitudes of symbolization and creativity. In S. A. Grolnick et al. (Eds.), Between reality and fantasy. Northvale u. London: Aronson.

Dirie, W. (1998, dt. 2007). Wüstenblume. München: Knaur.

Dornes, M. (2004). Über Mentalisierung, Affektspiegelung und die Entwicklung des Selbst. Forum der Psychoanalyse, 20, 175–199.

Dulz, B., Lanzoni, N. (1996). Die multiple Persönlichkeit als dissoziative Reaktion bei Borderlinestörungen. Psychotherapeut, 41, 17–24.

Eckert, J., Dulz, B., Makowski, C. (2000). Die Behandlung von Borderline-Persönlichkeitsstörungen. Psychotherapeut, 45, 271–285.

Eckhardt-Henn, A. (2004). Dissoziation als spezifische Abwehrfunktion schwerer traumatischer Erlebnisse – eine psychoanalytische Perspektive. In A. Eckhardt-Henn, S. O. Hoffmann (Hrsg.), Dissoziative Bewusstseinsstörungen (S. 276–294). Stuttgart u. New York: Schattauer.

Ferenczi, S. (1919/1964). Hysterische Materialisationsphänomene – Gedanken zur Auffassung der hysterischen Konversion und Symbolik. In: Ferenczi, S., Bausteine zur Psychoanalyse, III (2. Aufl., S. 129–147). Bern: Huber.

Ferenczi, S. (1921/1964). Psychoanalytische Betrachtungen über den Tic. Bausteine zur Psychoanalyse, Bd. I (2. Aufl., S. 193–234). Bern: Huber.

Ferenczi, S. (1933/1964). Sprachverwirrung zwischen den Erwachsenen und dem Kind. Bausteine zur Psychoanalyse, Bd. III (2. Aufl.). Bern u. a.: Huber.

Fonagy, P., Gergely, G., Jurist, E. L., Target, M. (2002, dt. 2004). Affektregulierung, Mentalisierung und die Entwicklung des Selbst. Stuttgart: Klett-Cotta.

Fonagy, P., Target, M. (1995). Zum Verständnis von Gewalt. Über die Verwendung des Körpers und die Rolle des Vaters. Kinderanalyse, 10, 280–307.

Fonagy, P., Target, M. (2000). Mit der Realität spielen. Zur Doppelgesichtigkeit psychischer Realität von Borderline-Patienten. Psyche – Zeitschrift für Psychoanalyse und ihre Anwendungen, 55, 961–995, 2001.

Fonagy, P., Target, M. (2007). The rooting of the mind in the body. New links between attachment theory and psychoanalytic thought. Journal of the American Psychoanalytic Association, 55, 411–456.

Freud, A. (1978/1980). Antrittsvorlesung für den Sigmund-Freud-Lehrstuhl der Hebräischen Universität, Jerusalem. In: Die Schriften der Anna Freud, Bd. X. München: Kindler.

Freud, S. (1914c). Zur Einführung des Narzissmus. GW X (S. 137–170). Frankfurt a. M.: Fischer.

Freud, S. (1917e). Trauer und Melancholie. GW X (S. 427–446). Frankfurt a. M.: Fischer.
Freud, S. (1920g). Jenseits des Lustprinzips. GW XIII (S. 1–69). Frankfurt a. M.: Fischer.
Freud, S. (1923b). Das Ich und das Es. GW XIII (S. 234–289). Frankfurt a. M.: Fischer.
Freud, S., Jung, C. G. (1974). Briefwechsel. Hrsg. von W. McGuire. Frankfurt a. M.: Fischer.
Goldschmidt, G.-A. (1991). Die Absonderung. Zürich: Amman.
Goldschmidt, G.-A. (1996). Die Aussetzung. Zürich: Amman.
Goldschmidt, G.-A. (2007). Die Befreiung. Zürich: Amman.
Grieser, J. (2008). Die psychosomatische Triangulierung. Forum der Psychoanalyse, 24, 125–146.
Gutwinski-Jeggle, J. (1995). Das Körper-Ich als Kommunikationsmittel. In: Vom Gebrauch der Psychoanalyse heute und morgen. Tagungsband. Frühjahrstagung der DPV, Heidelberg.
Gutwinski-Jeggle, J. (1997). Wenn der Körper – nicht – spricht. In R. Herold, J. Keim, H. König, C. Walker (Hrsg.), Ich bin doch krank und nicht verrückt. Moderne Leiden – das verleugnete und unbewusste Subjekt in der Medizin. Tübingen: Attempto.
Hirsch, M. (1985). Psychogener Schmerz als Übergangsphänomen. Praxis der Psychotherapie und Psychosomatik, 30, 261–267.
Hirsch, M. (1987). Realer Inzest. Psychodynamik des sexuellen Missbrauchs in der Familie (3., überarb. Aufl). Berlin u. a.: Springer (Neuaufl. Gießen: Psychosozial-Verlag, 1999).
Hirsch, M. (1989a). Der eigene Körper als Objekt. In M. Hirsch (Hrsg.), Der eigene Körper als Objekt. Zur Psychodynamik selbstdestruktiven Körperagierens (S. 1–8). Berlin u. a.: Springer (Neuaufl. Gießen: Psychosozial-Verlag, 1998).
Hirsch, M. (1989b). Der eigene Körper als Übergangsobjekt. In M. Hirsch (Hrsg.), Der eigene Körper als Objekt. Zur Psychodynamik selbstdestruktiven Körperagierens (S. 9–32). Berlin u. a.: Springer (Neuaufl. Gießen: Psychosozial-Verlag, 1998).
Hirsch, M. (1989c). Psychogener Schmerz. In M. Hirsch (Hrsg.), Der eigene Körper als Objekt. Zur Psychodynamik selbstdestruktiven Körperagierens (S. 278–306). Berlin u. a.: Springer (Neuaufl. Gießen: Psychosozial-Verlag, 1998).
Hirsch, M. (1989d). Körper und Nahrung als Objekte bei Anorexie und Bulimie. In M. Hirsch (Hrsg.), Der eigene Körper als Objekt. Zur Psy-

chodynamik selbstdestruktiven Körperagierens (S. 221–228). Berlin u. a.: Springer (Neuaufl. Gießen: Psychosozial-Verlag, 1998).

Hirsch, M. (1989e). Hypochondrie und Dysmorphophobie. In M. Hirsch (Hrsg.), Der eigene Körper als Objekt. Zur Psychodynamik selbstdestruktiven Körperagierens (S. 77–93). Berlin u. a.: Springer (Neuaufl. Gießen: Psychosozial-Verlag, 1998).

Hirsch, M. (1991). Perionychomanie und Perionychophagie oder »habituelles Nagelbettreißen« – zur Psychodynamik eines häufigen Selbstbeschädigungsverhaltens. Forum der Psychoanalyse, 7, 127–135.

Hirsch, M. (1993). Latenter Inzest. Psychosozial, 16, 25–40.

Hirsch, M. (1995). Fremdkörper im Selbst – Introjektion von Verlust und traumatischer Gewalt. Jahrbuch der Psychoanalyse, 35, 123–151.

Hirsch, M. (1996). Zwei Arten der Identifikation mit dem Aggressor – nach Ferenczi und nach Anna Freud. Praxis der Kinderpsychologie und Kinderpsychiatrie, 45, 198–205.

Hirsch, M. (1997). Schuld und Schuldgefühl. Zur Psychoanalyse von Trauma und Introjekt. Göttingen: Vandenhoeck & Ruprecht.

Hirsch, M. (2002). Der Körper im Werk Sándor Ferenczis. In: M. Hirsch (Hrsg.), Der eigene Körper als Symbol? Der Körper in der Psychoanalyse von heute. Gießen: Psychosozial-Verlag.

Hirsch, M. (2004). Psychoanalytische Traumatologie – Das Trauma in der Familie – Psychoanalytische Theorie und Therapie schwerer Persönlichkeitsstörungen. Stuttgart: Schattauer.

Hirsch, M. (2006). Das Haus. Symbol für Geburt und Tod, Freiheit und Abhängigkeit. Gießen: Psychosozial-Verlag.

Hirsch, M. (2010). »Mein Körper gehört mir … und ich kann mit ihm machen, was ich will!« Dissoziation und Inszenierungen des Körpers psychoanalytisch betrachtet. Gießen: Psychosozial-Verlag.

Hirsch, M. (2011). Trauma. Gießen: Psychosozial-Verlag.

Hirsch, M. (2016a). Körper-Dissoziation als Traumafolge im autobiographischen Werk Georges-Arthur Goldschmidts. In S. Walz-Pawlita, B. Unruh, B. Janta (Hrsg.), Körper-Sprachen (S. 70–84). Gießen: Psychosozial-Verlag.

Hirsch, M. (2016b). Kombinierte Einzel- und Gruppenpsychotherapie. Psychodynamische Psychotherapie, 15, 131–139.

Hirsch, M. (2016c). Mütter und Söhne. Sexualisierte und andere Dreiecksverhältnisse. Gießen: Psychosozial-Verlag.

Hirsch, M., Herrmann, J. M. (1988). Hypochondrie und Objektbeziehungstheorie am Beispiel der Aids-Phobie. In W. Schüffel (Hrsg.), Sich gesund fühlen im Jahre 2000 (S. 191–198). Berlin u. Heidelberg: Springer.

Hoffmann, S. O., Eckhardt-Henn, A., Scheidt, C. E. (2004). Konversion, Dissoziation und Somatisierung. Historische Aspekte und Entwurf eines Integrativen Modells. In A. Eckhardt-Henn, S. O. Hoffmann (Hrsg.), Dissoziative Bewusstseinsstörungen (S. 114–130). Stuttgart u. New York: Schattauer.

Kafka, E. (1971). On the development of the experience of mental self, bodily self and self-consciousness. The Psychoanalytic Study of the Child, 26, 217–240.

Kafka, F. (1994). Briefe an Milena. Frankfurt a. M.: Fischer.

Kafka, J. S. (1969). The body as transitional object. A psychoanalytic study of the self-mutilating patient. British Journal of Medical Psychology, 42, 207–212.

Kernberg, O. F. (1975, dt. 1978). Borderline-Störungen und pathologischer Narzissmus. Frankfurt a. M.: Suhrkamp.

Kestenberg, J. (1971). From object imagery to self and object representations. In J. B. McDevitt, C. F. Setlage (Eds.), Separation-individuation. Essays in honour of Margaret S. Mahler. New York: Int. Univ. Press.

Kohut, H. (1977, dt. 1979). Die Heilung des Selbst. Frankfurt a. M.: Suhrkamp.

König, K. (1981). Angst und Persönlichkeit. Das Konzept vom steuernden Objekt und seine Anwendungen. Göttingen: Vandenhoeck & Ruprecht.

Kutter, P. (1980). Emotionalität und Körperlichkeit. Praxis der Psychotherapie und Psychosomatik, 25, 131–145.

Kutter, P. (1981). Sein oder Nichtsein, die Basisstörung der Psychosomatose. Praxis der Psychotherapie und Psychosomatik, 26, 47–60.

Kutter, P. (2001). Affekt und Körper. Neue Akzente der Psychoanalyse. Göttingen: Vandenhoeck & Ruprecht.

Laufer, M. (1976, dt. 1980). The central masturbation fantasy, the final sexual organization and adolescence. The Psychoanalytic Study of the Child, 31, 297–316. Dt.: Psyche – Zeitschrift für Psychoanalyse und ihre Anwendungen, 34, 365–384.

Le Goff, J., Truong, N. (2003, dt. 2007). Die Geschichte des Körpers im Mittelalter. Stuttgart: Klett-Cotta.

Lichtenberg, J. D. (1983). Psychoanalyse und Säuglingsforschung. Berlin u. Heidelberg: Springer.

Loewald, H. W. (1979, dt. 1986). Das Dahinschwinden des Ödipuskomplexes. In: Psychoanalyse, Aufsätze aus den Jahren 1951–1979. Stuttgart: Klett-Cotta.

Mahler, M. S., Pine, F., Bergman, A. (1975, dt. 1978). Die psychische Geburt des Menschen. Frankfurt a. M.: Fischer.

Masterson, J. F. (1977). Primary anorexia nervosa in the borderline adolescent – an object-relations view. In P. Hartocollis (Ed.), Borderline personality disorders. New York: Int. Univers. Press.

Masterson, J. F., Rinsley, D. B. (1975). The borderline syndrome. The role of the mother in the genesis and psychic structure of the borderline personality. The International Journal of Psychoanalysis, 56, 163–177.

McDougall, J. (1989). Theatres of the body. A psychoanalytic approach to psychosomatic illness. London: Free Association Books.

Meltzer, D. (1986). Studies in extended metapsychology. London: Clunie Press.

Moritz, K. P. (1785/1972). Anton Reiser, ein psychologischer Roman. Stuttgart: Reclam.

Nijenhuis, E. R. S. (2004). Somatoforme Dissoziation. In A. Eckhardt-Henn, S. O. Hoffmann (Hrsg.), Dissoziative Bewusstseinsstörungen (S. 94–113). Stuttgart u. New York: Schattauer.

Nissen, B. (2000). Hypochondria – a tentative approach. The International Journal of Psychoanalysis, 81, 651–666.

Ogden, T. (1989, dt. 1995). Frühe Formen des Erlebens. Wien u. New York: Springer.

Pao, P. N. (1969). The syndrome of delicate self-cutting. British Journal of Medical Psychology, 42, 195–206.

Plassmann, R. (1989). Artifizielle Krankheiten und Münchhausen-Syndrome. In M. Hirsch (Hrsg.), Der eigene Körper als Objekt. Zur Psychodynamik selbstdestruktiven Körperagierens. Berlin u. Heidelberg: Springer (Neuaufl. Gießen: Psychosozial-Verlag, 1998).

Podvoll, E. M. (1969). Self-mutilation within a hospital setting. A study of identity and social compliance. British Journal of Medical Psychology, 42, 213–221.

Pollak, T. (2009). The »body-container«. A new perspective on the »body-ego«. The International Journal of Psychoanalysis, 90, 487–506.

Richards, A. D. (1981). Self theory, conflict theory and the problem of hypochondriasis. The Psychoanalytic Study of the Child, 36, 319–337.

Richter, H.-E. (1964). Zur Psychodynamik der Herzneurose. Zeitschrift für Psychosomatische Medizin, 10, 253–267.

Rosenfeld, H. (1964, dt. 1981). Die Psychopathologie der Hypochondrie. In H. Rosenfeld (Hrsg.), Zur Psychoanalyse psychotischer Zustände (S. 209–233). Frankfurt a. M.: Suhrkamp.

Rupprecht-Schampera, U. (2001). Woran leidet der Hypochonder? In: Was ist aus dem Über-Ich geworden? Tagungsband. Arbeitstagung der DPV, Freiburg.

Sachsse, U. (1987). Selbstbeschädigung als Selbstfürsorge. Zur intrapersonalen und interpersonellen Psychodynamik schwerer Selbstbeschädigung der Haut. Forum der Psychoanalyse, 3, 51–70.
Sachsse, U. (1989). »Blut tut gut«. Genese, Psychodynamik und Psychotherapie offener Selbstbeschädigung der Haut. In M. Hirsch (Hrsg.), Der eigene Körper als Objekt. Zur Psychodynamik selbstdestruktiven Körperagierens (S. 94–117). Berlin u. Heidelberg: Springer (Neuaufl. Gießen: Psychosozial-Verlag, 1998).
Sachsse, U. (1994). Selbstverletzendes Verhalten. Psychodynamik – Psychotherapie. Göttingen: Vandenhoeck & Ruprecht.
Sackin, H. D. (1985). The parents of children with psychosomatic diseases. A critical review of the literature. In E. J. Anthony, G. H. Pollock (Eds.), Parental influences in health and disease. Boston: Little, Brown.
Saint Phalle, N. de (1994). Mon secret. Paris: Editions de la Différence.
Schilder, P. (1935). The image and appearance of the human body. London: Kegan Paul.
Schur, M. (1955, dt. 1978). Comments on the metapsychology of somatization. The Psychoanalytic Study of the Child, 101, 119–164. (Dt. in A. Overbeck (Hrsg.), Seelischer Konflikt – körperliches Leiden. Reinbek: Rowohlt)
Selvini Palazzoli, M. (1978, dt. 1982). Magersucht. Von der Behandlung einzelner zur Familientherapie. Stuttgart: Klett.
Sgrena, G. (2005). Friendly fire – als Geisel zwischen den Fronten. Berlin: Ullstein.
Shengold, L. (1979). Child abuse and deprivation. Soul murder. Journal of the American Psychoanalytic Association, 27, 533–559.
Sours, J. (1974). The anorexia nervosa syndrome. The International Journal of Psychoanalysis, 55, 567–576.
Sperling, M. (1949). The role of the mother in psychosomatic disorders in children. Psychosomatic Medicine, 11, 377–385.
Spitteler, C. (1906/1945). Imago. GW, Bd. 4. Zürich: Artemis.
Sugarman, A., Kurash, C. (1981). The body as a transitional object in bulimia. International Journal of Eating Disorders, 1, 57–66.
Szasz, T. S. (1957). A contribution to the psychology of bodily feelings. The Psychoanalytic Quarterly, 26, 25–49.
Tausk, V. (1919). Über die Entstehung des Beeinflussungsapparates in der Schizophrenie. Internationale Zeitschrift für Psychoanalyse, 5, 1–33.
Taylor, G. J. (1987). Psychosomatic medicine and contemporary psychoanalysis. Madison: International Universities Press.

Tustin, F. (1986). Autistic barriers in neurotic patients. New Haven: Yale University Press.
Valenstein, A. F. (1973, dt. 1993). On attachment to painful feelings and the negative therapeutic reaction. The Psychoanalytic Study of the Child, 28, 365–392. Dt.: Forum der Psychoanalyse, 9, 161–180.
Wassmo, H. (1981). Das Haus mit der blinden Glasveranda. München: Droemer.
Willenberg, H. (1989). »Mit Leib und Seel' und Mund und Händen«. Der Umgang mit der Nahrung, dem Körper und seinen Funktionen bei Patienten mit Anorexia nervosa und Bulimia nervosa. In M. Hirsch (Hrsg.), Der eigene Körper als Objekt. Zur Psychodynamik selbstdestruktiven Körperagierens (S. 170–220). Berlin u. Heidelberg: Springer (Neuaufl. Gießen: Psychosozial-Verlag, 1998).
Winnicott, D. W. (1962, dt. 1974). Ich-Integration in der Entwicklung des Kindes. In: Reifungsprozesse und fördernde Umwelt. München: Kindler.
Winnicott, D. W. (1966). Psychosomatic illness in its positive and negative aspects. The International Journal of Psychoanalysis, 47, 510–516.
Winnicott, D. W. (1967, dt. 1979). Die Spiegelfunktion von Mutter und Familie in der kindlichen Entwicklung. In D. W. Winnicott, Vom Spiel zur Kreativität (2. Aufl.). Stuttgart: Klett-Cotta.
Winnicott, D. W. (1971, dt. 1973). Playing und reality. London: Tavistock. Dt.: Vom Spiel zur Kreativität. Stuttgart: Klett-Cotta.
Wirth, H.-J. (1990). Zur Familiendynamik der Aids-Phobie. Eine Fallstudie. In P. Möhring, T. Neraal (Hrsg.), Psychoanalytisch orientierte Familien- und Sozialtherapie. Das Gießener Konzept in der Praxis (S. 249–264). Wiesbaden: Westdeutscher Verlag (2. Aufl. Gießen: Psychosozial-Verlag, 1996).

PSYCHODYNAMIK KOMPAKT

Hansruedi Ambühl: **Zwangsstörungen – Integration psychodynamischer und kognitiv-verhaltenstherapeutischer Perspektiven**
ISBN 978-3-525-40607-6

Maria Belz / Ibrahim Özkan: **Psychotherapeutische Arbeit mit Migranten und Flüchtlingen**
ISBN 978-3-525-40578-9

Stephan Bender: **Einführung in die Schematherapie aus psychodynamischer Sicht**
Eine integrative, schulenübergreifende Konzeption. ISBN 978-3-525-40574-1

Cord Benecke: **Psychodynamische Therapien und Verhaltenstherapie im Vergleich: Zentrale Konzepte und Wirkprinzipien**
ISBN 978-3-525-40568-0

Gitta Binder-Klinsing: **Psychodynamische Supervision**
ISBN 978-3-525-40558-1

Anna Buchheim: **Bindungsforschung und psychodynamische Psychotherapie.** ISBN 978-3-525-40612-0

Stephan Doering: **Übertragungsfokussierte Psychotherapie (TFP)**
ISBN 978-3-525-40569-7

Peter Geißler: **Psychodynamische Körperpsychotherapie**
ISBN 978-3-525-40605-2

Günter Gödde: **Mit dem Unbewussten arbeiten.** ISBN 978-3-525-45196-0

Hans-Peter Hartmann: **Narzissmus und narzisstische Persönlichkeitsstörungen**
ISBN 978-3-525-40611-3

Helmwart Hierdeis: **Traum und Traumverständnis in der Psychoanalyse**
ISBN 978-3-525-40606-9

Holger Kirsch / Annemarie Bauer: **Psychodynamische Perspektiven in der Sozialen Arbeit**
ISBN 978-3-525-40600-7

Jürgen Körner: **Psychodynamische Interventionsmethoden**
ISBN 978-3-525-40561-1

Gerd Lehmkuhl / Ulrike Lehmkuhl: **Kunst als Medium psychodynamischer Therapie mit Jugendlichen**
ISBN 978-3-525-40575-8

Marianne Leuzinger-Bohleber: **Chronische Depression, Trauma und Embodiment**
Eine transgenerative Perspektive in psychoanalytischen Behandlungen
ISBN 978-3-525-40610-6

V&R Vandenhoeck & Ruprecht Verlage

PSYCHODYNAMIK KOMPAKT

Christiane Ludwig-Körner: **Eltern-Säuglings-Kleinkind-Psychotherapie**
ISBN 978-3-525-40560-4

Meinolf Peters: **Psychodynamische Psychotherapie mit Älteren**
ISBN 978-3-525-40595-6

Luise Reddemann: **Mitgefühl, Trauma und Achtsamkeit in psychodynamischen Therapien**
ISBN 978-3-525-40556-7

Franz Resch: **Selbstverletzung als Selbstfürsorge-** Zur Psychodynamik selbstschädigenden Verhaltens bei Jugendlichen. ISBN 978-3-525-40608-3

Gerd Rudolf: **Psychotherapeutische Identität.** ISBN 978-3-525-40572-7

Renate Schepker: **Kultursensible Psychotherapie mit Kindern und Jugendlichen.** ISBN 978-3-525-40598-7

Benno G. Schimmelmann: **Medikamente geben oder geben lassen**
Psychotherapie und Psychopharmakotherapie bei Kindern und Jugendlichen und ihre Wechselwirkungen
ISBN 978-3-525-40601-4

Inge Seiffge-Krenke: **Widerstand, Abwehr und Bewältigung**
ISBN 978-3-525-40579-6

Inge Seiffge-Krenke / Fatima Cinkaya: **Behandlungsabbrüche: Therapeutische Konsequenzen einer Metaanalyse.** ISBN 978-3-525-40580-2

Kathrin Sevecke / Maya Krischer: **Jugendliche Persönlichkeitsstörungen im psychodynamischen Diskurs**
ISBN 978-3-525-40559-8

Hermann Staats: **Die therapeutische Beziehung – Spielarten und verwandte Konzepte**
ISBN 978-3-525-40599-4

Christiane Steinert / Falk Leichsenring: **Psychodynamische Psychotherapie in Zeiten evidenzbasierter Medizin**
Bambi ist gesund und munter
ISBN 978-3-525-40573-4

Svenja Taubner / Jana Volkert: **Mentalisierungsbasierte Therapie für Adoleszente (MBT-A)**
ISBN 978-3-525-40576-5

Martin Teising: **Selbstbestimmung zwischen Wunsch und Illusion**
Eine psychoanalytische Sicht
ISBN 978-3-525-40577-2

Silke Wiegand-Grefe: **Psychodynamische Intervention in Familien mit chronischer Krankheit**
ISBN 978-3-525-40557-4

 **Vandenhoeck & Ruprecht** Verlage